HAIR COLOR FOR BEGINNERS

新ヘアカラー入門

新ヘアカラー入門
CONTENTS

Introduction はじめに

私たち日本ヘアカラー協会は1996年4月に設立しました。今でこそ多くの日本女性がヘアカラーを楽しんでいますが、20年前は黒く染める白髪染めが主流で、ヘアカラーをファッションの一部とは呼べない時代です。しかし私たちは「これからは美しいヘアカラーが、日本（及びアジア）の女性を明るく、豊かに輝かせる」という信念のもと、全国的な組織を立ち上げ、仲間と共にヘアカラーを学び、その普及のために様々な活動を続けてきました。

主な活動としては、毎年秋に行われるスーパープレゼンテーションや春に開催されるコンテスト、全国で年間300回以上開催されるセミナーなどが挙げられます。

さらに新しい取り組みとして、JHCAヘアカラリスト検定をスタートさせました。これはJHCA会員だけでなく、全国すべての美容師の方々を対象にしています。検定によって、個々に学んでいる知識や技術が今どのレベルにあるのかを把握し、段階的にレベルアップしていくことを目的にしています。

私たちはヘアカラーの共通認識、共通言語ができることで、日本のヘアカラーをさらに高めていきたいと考えます。この「新ヘアカラー入門」でも、その一環を担えればと思っています。これはサロンの現場で、お客様に安全で的確な施術を行うための基本となる技術と知識が詰まった本です。この入門書を熟知し、ヘアカラーによって日本、及びにアジアの女性たちをさらに美しくしていっていただければと思います。

2016年3月1日
NPO法人　日本ヘアカラー協会

JHCA
JAPAN HAIR COLOR ASSOCIATION

Support Manufacturer （50音順）

株式会社アリミノ
ウエラプロフェッショナル
資生堂プロフェッショナル株式会社
シュワルツコフ プロフェッショナル ヘンケルジャパン株式会社
中野製薬株式会社
株式会社ナプラ
株式会社ナンバースリー
日華化学株式会社　デミ コスメティクス
日本ロレアル株式会社
フォードヘア化粧品・三口産業株式会社
ホーユー株式会社
株式会社ミルボン
株式会社モルトベーネ
リアル化学株式会社
ルベル／タカラベルモント株式会社

Chapter 1

毛髪と薬剤の基礎知識

ヘアカラー剤の分類

プロフェッショナルとして、使用するヘアカラー剤の種類と区分を把握しましょう。ここでは薬機法（「医薬品、医療機器等の品質、有効性及び安全性の確保等に関する法律」の略称）上での分類をベースに、酸化染毛剤や酸性染毛料、脱色剤・脱染剤、塩基性染料などを解説していきます。

ヘアカラー剤の分類

<table>
<tr><th>分類の基準</th><th colspan="8">種類</th></tr>
<tr><td>薬機法上の分類</td><td colspan="3">医薬部外品</td><td colspan="5">化粧品</td></tr>
<tr><td rowspan="2">効能、効果上の区分</td><td colspan="2">永久染毛剤</td><td>脱色脱染剤</td><td colspan="4">半永久染毛料</td><td>一時染毛料</td></tr>
<tr><td>酸化染毛剤</td><td>非酸化染毛剤</td><td>脱色剤・脱染剤</td><td>酸性染毛料</td><td colspan="3">—</td><td>毛髪着色料</td></tr>
<tr><td>別名称</td><td>ヘアカラー
ヘアダイ
（白髪染め、おしゃれ染め）</td><td>金属染毛剤</td><td>ヘアブリーチ
ヘアライトナー</td><td>ヘアマニキュア
カラートリートメント</td><td colspan="2">カラートリートメント</td><td>ボタニカルカラー</td><td>カラースプレー
カラーチョーク</td></tr>
<tr><td rowspan="2">染料区分</td><td colspan="2">合成染料型</td><td>—</td><td colspan="3">合成染料型</td><td>天然染料型</td><td>合成染料型</td></tr>
<tr><td>酸化染料
（中間体、カプラー）
直接染料</td><td>多価フェノール</td><td>—</td><td>酸性染料
（タール色素）</td><td>塩基性染料</td><td>HC 染料</td><td>ヘナ
植物染料</td><td>タール色素
顔料</td></tr>
<tr><td>染料原理</td><td>酸化重合による発色</td><td>おはぐろ式染毛</td><td>酸化によるメラニン色素の分解</td><td>毛髪のケラチンタンパクにイオン結合</td><td>毛髪表面へのイオン結合</td><td>毛髪表面近くのコルテックスへ浸透</td><td>コルテックスへの浸透</td><td>毛髪表面への付着</td></tr>
<tr><td>持続期間</td><td colspan="2">1～3か月</td><td>永久</td><td>3～4週間</td><td colspan="3">2～3週間</td><td>次回のシャンプーまで</td></tr>
</table>

ヘアカラー剤の種類と区分

ヘアカラー剤には、染料や色素あるいは顔料を単に毛髪表面に付着させて着色するものから、毛髪組織の内部に染料を浸透させ、反応して発色させるものまで、染料、剤型、使用方法が異なるさまざまな製品があります。
また、毛髪中のメラニン色素を脱色するブリーチ剤、あるいは染毛された色素を分解脱色する脱染剤も、染毛剤の仲間として区分されています。
以下、主なヘアカラー剤を分類して解説をしていきます。

酸化染毛剤

ヘアカラー剤の中で、現在、最も多く使われているのは、永久染毛剤に区分されている酸化染毛剤です。
第１剤には、酸化染料（染料中間体）として主剤（代表的なものとしてパラフェニレンジアミン）と色調に変化を与えるカプラー（調色剤）や、さらに、はじめから色を持っている直接染料（ニトロ染料）など、複数の染料が配合されています。
酸化染料は、使用時に第２剤の過酸化水素（＝オキシ＝OX）と混合することで酸化重合し、大きな色素の分子となって発色するために、毛髪組織の中に長くとどまります。
過酸化水素は染毛と同時に、コルテックス（毛皮質）やメデュラ（毛髄質）に存在する黒褐色のメラニン色素を分解して、毛髪を脱色します。その結果、毛髪を明るくしながら染毛することが可能となり、暗く染める「白髪染め」(＝グレイカラー)から、黒髪を明るく染める「おしゃれ染め」(＝ファッションカラー)までの幅広い染毛が可能となります。
一般的に毛髪を暗く染める場合には、脱色力をあまり必要としないため、アルカリ剤や過酸化水素の濃度は低く、一方黒髪を明るく染める場合には、逆に高い濃度が必要とされます。
つまり、白髪には明るくする「脱色力(リフト力)」は不要で、色素を入れる「染色力(ティント力)」だけが必要です。しかし、黒髪には明るくする「脱色力(リフト力)」と、色味を入れる「染色力(ティント力)」の両方が、目的とする明度や色調に応じて要求されるのです。
酸化染毛剤は、まれにアレルギー反応を起こすことがあるため、使用前に、毎回必ずパッチテスト(皮膚アレルギー試験)を行うことが必要です。
また、過酸化水素は毛髪中のメラニン色素を分解するときに、ケラチンタンパク質に対しても酸化分解作用を起こします。このことが毛髪を損傷する要因にもなっており、製品に記載された使用上の注意をよく守って使用しなければなりません。
酸化染毛剤は、アルカリ剤の配合濃度、pH(ピーエイチ)によって「アルカリ酸化染毛剤」「低(弱・微)アルカリ酸化染毛剤」「酸性酸化染毛剤」に分類される場合があります。

酸性染毛料

主にヘアマニキュアあるいは酸性ヘアカラーと呼ばれる酸性染毛料には、酸性染料(タール色素)が配合されています。
ベンジルアルコールなどの溶剤により、酸性の条件下でキューティクル(毛小皮)に浸透させ、毛髪とのイオン結合により染着します。
毛髪の損傷が少なく、カブレの恐れも少ないのですが、汗や水などで色落ちしやすく、また皮膚にも染まりやすいために、使用時には頭皮や肌に付かないように塗布する注意が必要です。

脱色剤・脱染剤

毛髪を明るくしたり、染めた髪色を異なる色味に変える(カラーチェンジ)ときに用いるもので、パウダー状やクリーム状などの製品があります。
第２剤に配合されている過酸化水素に、第１剤に配合されているアンモニアなどのアルカリを混合することにより強い酸化力を得る脱色剤と、過硫酸塩などの過酸化物を混合して、さらに強い酸化力を得て脱色脱染する２つのタイプがあります。
高いpHの製品が多く、毛髪の損傷と皮膚刺激には注意を払う必要があります。

一時染毛料(毛髪着色料)

主にカーボンブラックなどの顔料を一時的に毛髪表面に付着させ、着色させるもの。使用は簡単ですが、シャンプーで落ちる一時的なものです。樹脂や油分が基剤となります。

非酸化染毛剤

非酸化染毛剤は、第１剤に含まれている多価フェノールと第２剤に含まれている金属塩が形成する錯体の発色を利用して、髪を染めるものです。
第１剤を塗布し15分以上放置後、第２剤を塗布し、さらに15分以上放置後、洗い流します。色調は黒～濃い褐色と狭く、脱色力もありません。手順が煩雑なうえ、色調も限られているために、用途は白髪染めに限られます。(酸化染毛剤の) 酸化染料でカブレる人でも、使用できる場合があります。

その他の半永久染毛料

(1) ＨＣ染料、塩基性染料を配合した染毛料

カラートリートメントなどに配合される染料としてHC染料、塩基性染料があります。ＨＣ染料はコルテックス(毛皮質)まで浸透し、塩基性染料は毛髪表面にイオン結合や吸着して染着します。染着力が弱いため色落ちしやすく、持続性は酸性染毛料より短いとされます。トリートメント基剤とはよく合い、皮膚に付着しにくい長所があります。

(2) 天然タイプ(植物性)染料を配合した染毛料

ヘナ(ヘンナ)あるいは藍(あい)、あかねなどの植物に含まれる色素が配合されています。

[酸化染毛剤(ヘアカラー)と酸性染毛料(ヘアマニキュア)の比較]

	ヘアカラー	ヘアマニキュア
発色	くすみ ～ 鮮やか	鮮やか
脱色作用	あり	なし
毛髪損傷	低 ～ 高	低 (ほとんど無し)
色持ち	約２～３か月	１か月程度
地肌汚れ	小 ～ 中	中 ～ 多
色移り	少なめ	やや多め
パッチテスト	毎回必要	不要

ヘアカラー剤の発色の仕組み

ヘアカラー剤は、種類によって発色のメカニズムが異なります。薬剤ごとの発色の仕組みを知ることは、施術の際の注意点にも繋がります。ここでは図解と共に、白髪の毛束を用いて実際にカラリングを施してどのように染まるのかも示しました。それぞれの染まりの違いを覚えておきましょう。

■ Before
未染毛（白髪）

この毛髪断面写真は、ヘアカラーを行っていない、白髪100％の人毛を示しています。ここに、アルカリカラー、微アルカリカラー共に8レベルのレッド系、ヘアマニキュアはレッド系、カラートリートメントはオレンジ系を塗布したのが下記の写真です。また、白髪率を100％→30％→0％（黒髪100％）と変えて、染まり具合を実験しています。

酸化染毛剤

アルカリカラー

毛髪断面（顕微鏡）　白髪100％　白髪30％　黒髪100％

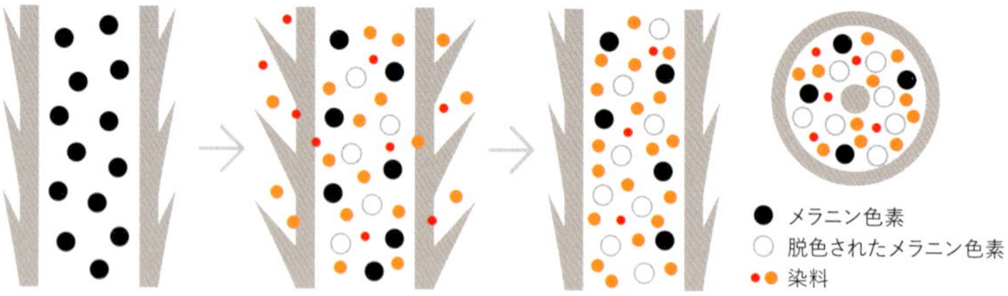

1　2　3

1　1剤と2剤を混合して髪に塗布すると、1剤中に含まれているアルカリ剤によって毛髪が膨潤し、キューティクルが開きます。その隙間から、1剤中の染料と2剤中の過酸化水素などが毛髪内部に浸透します。1剤中の染料には、酸化染料中間体（ジアミン染料など）、カプラー（調色剤）、直接染料（ニトロ染料）と呼ばれる種類があります。

2　酸化染料中間体は、過酸化水素の分解によって生じた酸素と反応して酸化重合を起こします。このとき、過酸化水素はアルカリ剤の働きによって活性酸素を発生させ、メラニン色素を分解して脱色が行われます。酸化染料中間体は、それ自体では色味がありませんが、酸化重合することではじめて発色する染料です。カプラーとの組み合わせによって、いろいろな色をつくりだすことができます。

3　酸化重合して大きな分子になって発色した酸化染料は流出しにくく、毛髪内部に定着します。同時に、毛髪内部のメラニン色素は分解され、黒髪の明度が上がるため、染料の発色がより鮮明に見えます。

低（弱・微）アルカリカラー

毛髪断面（顕微鏡）　白髪100％　白髪30％　黒髪100％

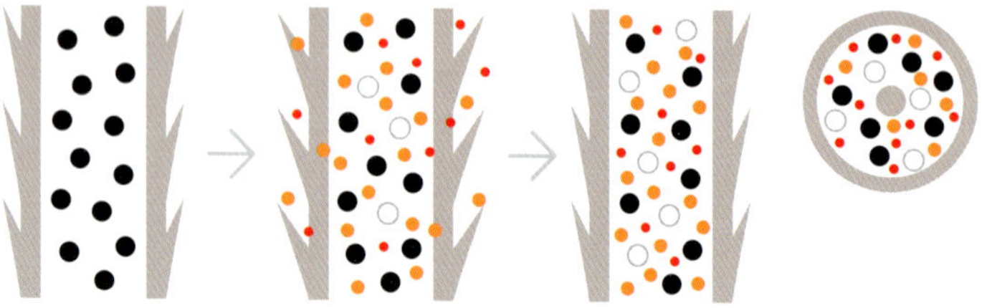

1　2　3

1　アルカリカラーに比べてアルカリ剤が少ないために、キューティクルの開き具合は小さくなります。キューティクルの隙間から、酸化染料（ジアミン染料や直接染料など）や過酸化水素が毛髪内部に入ることは、アルカリカラーと同様です。

2　アルカリカラーと比較して、オキシの活性力が低いため、脱色力は弱くなります。また、酸化重合で発色するジアミン系の染料中間体もアルカリカラーと同様に、酸化重合で発色します。低アルカリカラーでは、それ自体に色がある直接染料（ニトロ染料など）の役割が大きくなります。アルカリ剤が少ないといっても、pH（ピーエイチ）値は7以上ですから、毛髪の等電点であるpH4.5～5.5よりも十分にアルカリです。したがって、適度に毛髪は膨潤します。

3　染料中間体は酸化重合して大きな分子になり、毛髪内部に定着。直接染料も小さな粒子のままの状態で毛髪内部に定着します。

※ 低アルカリカラーで既染毛を染める場合、既染毛は一般的には明度が高いので、メラニン色素を分解して脱色する必要はそれほどありません。低（弱・微）アルカリカラーは、アルカリ剤が少ないため、毛髪へのダメージが比較的小さいといわれます。なお、直接染料は小さい粒子のまま毛髪内部に入っているので流出しやすく、褪色が（アルカリカラーに比べて）若干早いともいわれます。

酸性染毛料
ヘアマニキュア

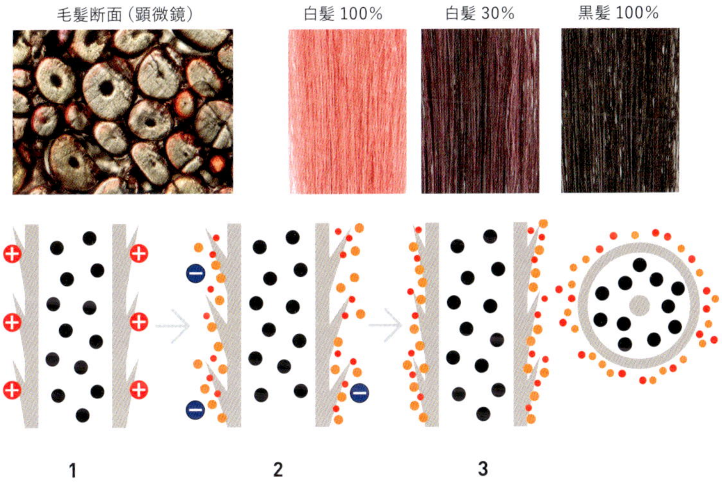

毛髪断面（顕微鏡）
白髪 100%
白髪 30%
黒髪 100%

1　ヘアマニキュア塗布後、毛髪表面はプラス（+）に帯電します。
2　毛髪のプラスイオンに、酸性染料（タール色素）のマイナス（−）イオンが結合し、染毛されます。ヘアマニキュアは加温することで染着力がアップします。染料はキューティクルの表面や隙間、あるいはコルテックスの一部に物理的吸着あるいはイオン結合するだけで、毛髪内部深くまでは浸透しないため褪色も早いと言えます。

塩基性染料・HC染料
カラートリートメント

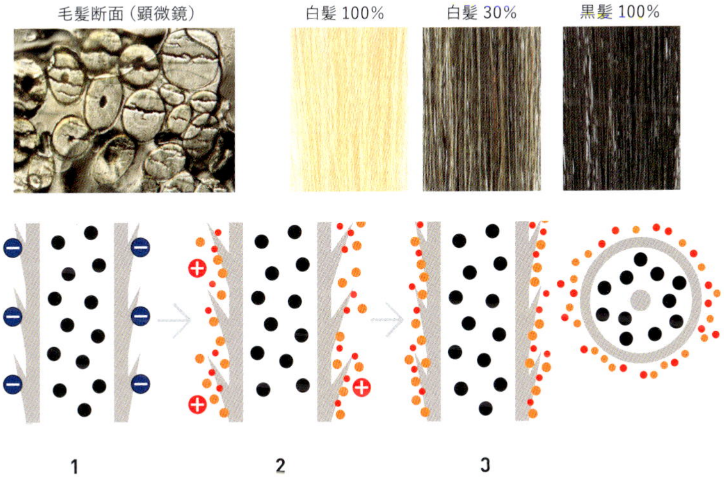

毛髪断面（顕微鏡）
白髪 100%
白髪 30%
黒髪 100%

塩基性染料
1　カラートリートメント塗布後、毛髪はマイナス（−）に帯電します。
2　毛髪のマイナスイオンに塩基性染料のプラス（+）イオンが結合し、染毛されます。ヘアトリートメントはヘアマニキュア（酸性染毛料）よりも薄い染まりのため、多くの商品では2～3回程度の繰返し使用が勧められています。

HC染料
HC染料は分子量が小さく、イオン性を持たないため、コルテックス（毛皮質）まで染料が浸透し染着されます。最近は皮膚に付着しにくいことと、トリートメントベース基剤との相性の良さからカラートリートメントの染料として使われています。

脱色剤・脱染剤
脱色脱染剤

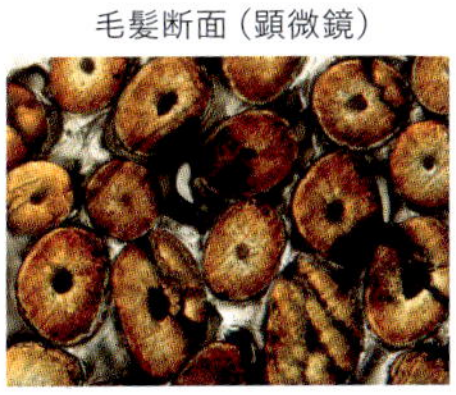

毛髪断面（顕微鏡）

※ 脱色するだけの「ブリーチカラー」もヘアカラーのひとつです。明るい髪が多いヨーロッパやアメリカでは、以前はブリーチが中心でした。しかし、日本人の黒髪にブリーチだけをすると、単純に傷んだだけの印象を与えがちです。そのために、日本のカラー剤は、ブラウン系、レッド系、オレンジ系、イエロー系、マット系というように、明るさと共に色調を同時に求めるタイプが主流となりました。

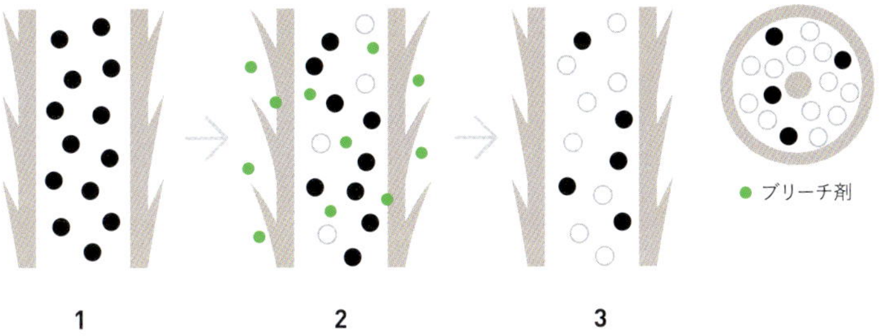

脱色剤
1剤中のアルカリ剤の働きで毛髪を膨潤させて、キューティクルの隙間を開きます。もちろんアルカリ剤は2剤のオキシの分解を促進します。

脱色脱染剤
1　アルカリ剤に加えて酸化助剤として過硫酸塩を含む製品の1剤もあり、さらに強い脱色および脱染力を持ちます。パウダー状、液状、あるいはクリーム状の製品があります。
2　2剤中の過酸化水素（オキシ）の働きが、1剤と混合することにより活性化され、メラニン色素あるいは染料が分解されて脱色脱染が行われます。
3　脱色されることにより、毛髪の明度が上がります。過酸化水素濃度を高めたり、脱色を繰り返すことにより、さらに明度は上がります。

※ 脱色されるだけの「ブリーチカラー」もヘアカラーの1つ。

ヘアカラー剤の成分と役割

ここでは酸化染毛剤（アルカリカラー剤）と酸性染毛料（ヘアマニキュア）、脱色・脱染剤、塩基性・HC染毛料（カラートリートメント）に分けて、それぞれの成分と役割を説明しています。薬剤の成分表示を見るときなどに必要な知識です。

酸化染毛剤（アルカリカラー剤など）

1剤

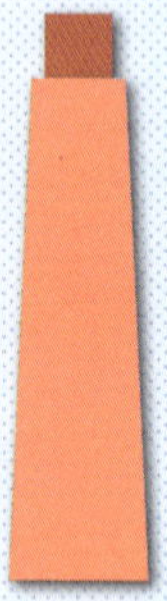

染料
酸化染料の主剤（染料中間体）やカプラー（調色剤）、直接染料などの組み合わせによる染料グループ。現在、50数種類の染料があり、一つの製品には複数の染料が組み合わされている

アルカリ剤
アルカリ性から弱酸性までの製品があるが、一般的には毛髪に残留しにくいアンモニア水が0～15%の濃度で含まれる。毛髪を膨潤させて染料の浸透性を高めると同時に、過酸化水素の分解を促す

基剤
セタノールなどの油脂類を、POEセチルエーテルなどの界面活性剤により乳化させ、ねり状あるいはクリーム状の基剤がつくられる。最近の傾向としては、毛髪の保護効果が高いことから、クリーム状の製品が液状に代わって多くを占めるようになった

コンディショニング剤
湿潤や増粘効果のために配合されている。酸化剤やアルカリ剤から毛髪の損傷を防ぐために、油分、ケラチン、シリコンの誘導体などが湿潤剤として配合されている。また増粘効果や付着性を高める成分も配合されている

安定剤
システインや亜硫酸塩などの還元剤が、酸化染料が保存中に劣化しないように酸化防止剤として配合されている。また、微量の不純物としての金属が製品を劣化させるので、その防止のためにEDTAなどがキレート剤（金属イオン封鎖剤）として配合されている

香料・防腐剤
基剤やアンモニアの臭いなどをマスクする

溶剤
精製水。有機溶剤が少量使われることもある

2剤

酸化剤
過酸化水素水。日本では６％までの配合が認められている。酸化染料を酸化し、重合発色させることと、毛髪内部のメラニン色素を分解して脱色する

pH調整剤
酸性化剤として一般的にはリン酸が使われる。過酸化水素はpHが高くなると不安定で分解しやすくなるため、酸性にして安定を保つ役割がある。通常はpH２～３くらい

基剤
油脂類と界面活性剤の組み合わせにより、ローション状あるいはクリーム状の基剤が多い

安定剤
微量の不純物としての金属が製品を劣化させるので、その防止のためにEDTAなどがキレート剤（金属イオン封鎖剤）として配合されている

溶剤　精製水

脱色剤

酸化剤

過硫酸塩。2剤の過酸化水素の働きを助け、強い酸化力で、毛髪のメラニンを分解して脱色する

アルカリ剤

ケイ酸塩など。過酸化水素の分解を促す

増粘剤

カルボマーなど。適度な粘性で、操作性を良くする

賦形剤

シリカなど。粉末の体積を増やし、計量などの操作性を良くする

塩基性・HC染毛料（ヘアカラートリートメント）

塩基性染料

塩基性茶16、塩基性青99、塩基性青75など、プラス電荷を持ち、中性から弱アルカリ性状態で毛髪のマイナス部位とイオン結合して染着する

HC染料

HC青２、HC黄４など、直接染料として、染料がそのまま毛髪に浸透し染着する

基剤

セタノールなどの油脂類を、セトリモニウムクロリドなどのカチオン性界面活性剤により乳化させ、トリートメント様のクリーム状の基剤がつくられる

コンディショニング剤

油分、保湿剤、シリコーンの誘導体、加水分解PPT、植物エキスなどコンディショニング効果の高い成分が配合されている

香料･防腐剤

基剤臭は少ないので嗜好性の高い香料がつけられる

溶剤　精製水

酸性染毛料（ヘアマニキュア）

酸性染料

紫401号・黒401号・橙205号など。マイナス電荷を持ち、酸性状態で毛髪のプラス部分とイオン結合して染着する

酸

乳酸、グリコール酸など。毛髪のpHを酸性にし、酸性染料を毛髪に染着させる

浸透剤

ベンジルアルコール、エタノールなど。染料を毛髪に浸透させる

増粘剤

カルボマー、セルロースなど。適度な粘性で、操作性を良くする

基剤

乳化剤（ノニオン界面活性剤・アニオン界面活性剤など）、油脂類。近年、コンディショニング性を高めたクリーム状の剤も多くなってきた

安定剤

金属イオン封鎖剤（EDTAなど）。微量の不純物としての金属が製品を劣化させるので、その防止のためにEDTAなどがキレート剤（金属イオン封鎖剤）として配合されている

溶剤　精製水

毛髪と頭皮

髪を扱うプロフェッショナルとして、毛髪科学の基礎知識は必須です。カラー剤が作用する部分はどこか、などを理解し、サロンでもお客様に適切で分かりやすい説明ができるようにしておきましょう。

毛髪の構造

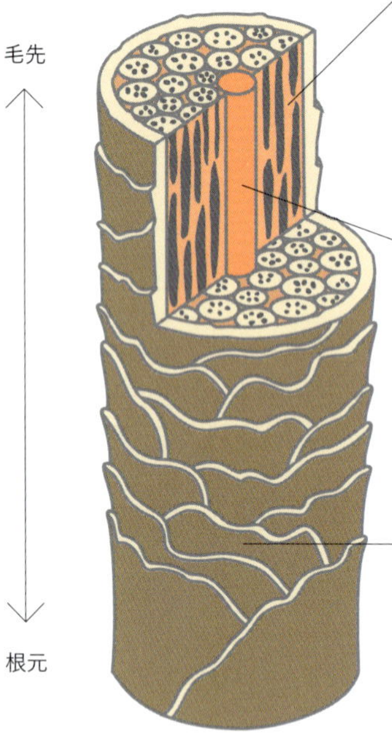

コルテックス（毛皮質）

毛髪に占める割合／80〜90%

毛髪の多くの部分を占め、縦につながった構造です。パーマ剤やカラー剤は主にこの部分に作用します。

メデュラ(毛髄質)

毛髪に占める割合／数%

毛髪の中心部にあるスポンジ状の構造ですが、存在しない場合もあります。ツヤやパーマのかかりやすさにも関係しているといわれています。

キューティクル(毛小皮)

毛髪に占める割合／10〜15%

コルテックスを覆うように、根元から毛先に向かって平均６枚前後が重なっています。表面には水をはじく性質がありますが、キューティクルの隙間から水や薬剤が浸透していきます。

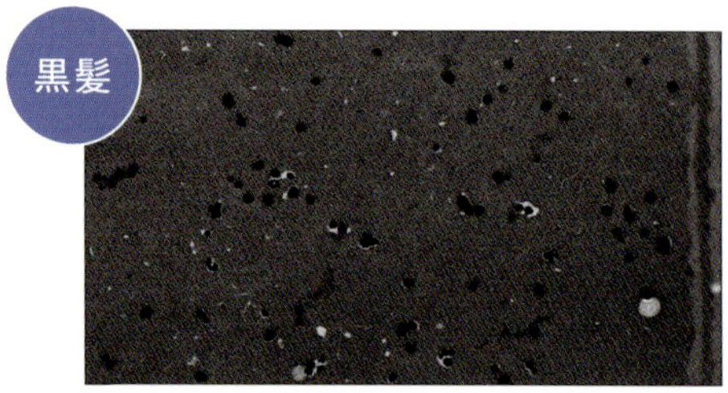

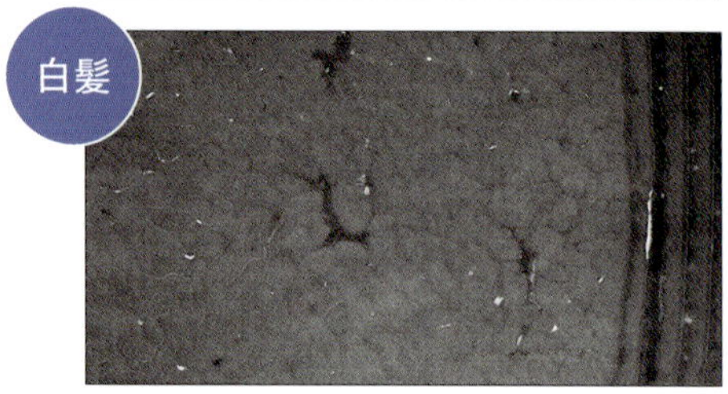

黒髪と白髪の違い

- 黒髪にはメラニン色素がありますが、白髪にはほとんどありません。
- メラニン色素にある微量金属により、黒髪の方が、カラー剤がより染まりやすいです。

皮膚の構造

毛髪と頭皮の共通点

- どちらもケラチンというタンパク質でできています。

毛髪と頭皮の違い

- 頭皮はダメージを受けても自ら修復されますが、毛髪は死んだ細胞からできており、自ら修復することはできません。
- 頭皮には神経があるので刺激を感じることができますが、毛髪が刺激を感じることはありません。

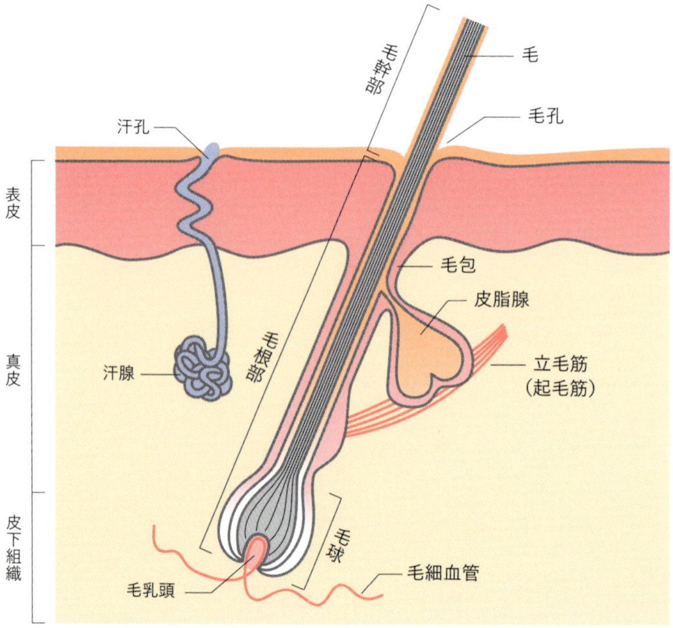

パッチテスト（皮膚アレルギー試験）

安全なカラー施術を提供するためには、パッチテストを行う必要があります。ここではパッチテストの必然性と、その正しいテストの仕方を解説します。

かぶれ

ヘアカラー（酸化染毛剤）は、人によってかぶれやまれに重いアレルギー反応を起こすことがあります。これは、主にヘアカラーに配合される酸化染料を抗原として、人間の体が起こす異物反応（免疫反応）が、過剰に作用した症状です。かぶれ症状が認められた場合は、使用を止め、必ず、すぐに医師（皮膚科が望ましい）の診療を受けてもらってください。

毎回必ず48時間前にパッチテストをしてください

パッチテスト（皮膚アレルギー試験）は、ヘアカラー（酸化染毛剤）を使用してアレルギー反応が起こるかどうかを染毛の前に確認できる最も有効な方法です。染毛の２日前（48時間前）に、毎回必ずパッチテストを行ってください。過去に何回も異常なく染毛していた方でも、体質の変化により、ある日突然かぶれるようになる場合もありますので、毎回必ず行ってください。

ヘアカラーでかぶれたことのある方には、以後は絶対に使用しないでください

ヘアカラー（酸化染毛剤）でかぶれた方にヘアカラーを続けると、症状がひどくなります。更には、突然に重いアレルギー症状（全身じんま疹・呼吸困難・血圧低下など）が起こることがあり、大変に危険です。他ブランド・他メーカー・ホームカラーに変えても、同様にかぶれを起こす可能性が非常に高いので、ヘアカラーは使用せず、酸性染毛料（ヘアマニキュア）などに切り替えてください。

パッチテスト（皮膚アレルギー試験）の仕方

カラリングの２日前（48時間前）に、次の手順に従って毎回必ずパッチテスト（皮膚アレルギー試験）を行ってください。

手順 1　実際に染めようとしているヘアカラーの１剤と２剤を、カップないしは小皿に１：１など指定された割合で少量測り取ります。

手順 2　測り取ったヘアカラーを新しい綿棒などで充分混合し、テスト液とします。

手順 3　テスト液を綿棒にとり、腕の内側に10円硬貨大にうすく塗って自然乾燥させます（テスト液が乾くまで、衣服につかないように注意してください。30分くらいしても乾かない場合は、余分な液をティッシュペーパーなどでこすらない様に軽くふきとってください）。

手順 4　そのまま触れずに48時間放置します（時間を必ず守ってください）。

手順 5　48時間経過後、塗布部に発疹、発赤、かゆみ、水泡、刺激など皮膚の異常があった場合には、すぐに洗い落としカラリングはしないでください。途中、48時間以内であっても、同じような異常があった場合は、すぐに洗い落としカラリングはしないでください。

手順 6　48時間経過後、異常がなければ、すぐにカラリングを行ってください（パッチテストから日数が経つと、その間の体調の変化などでテストの結果が反映されない事もあります）。

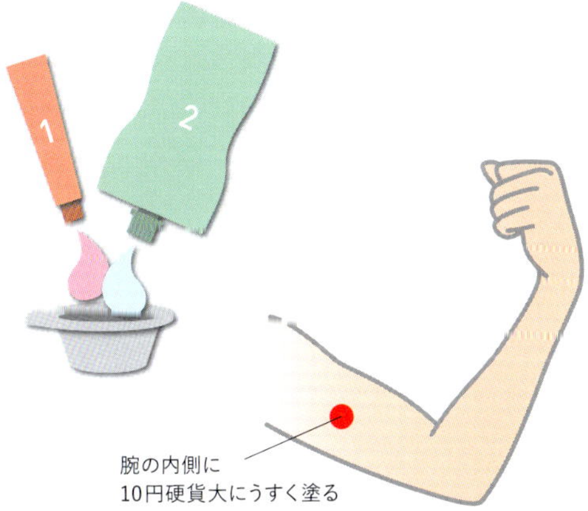

施術者への注意

アレルギーは、抗原（酸化染料など）への接触頻度が増えれば発症の危険性が高まると考えられています。仕事として日頃ヘアカラーに接する頻度の高い美容師は、自身がヘアカラーに対してアレルギー体質になる危険性を秘めています。施術時及びすすぎ時など、ヘアカラーに直接触れる作業を行う時は、必ず手袋を着用してください（まれに手袋でかぶれる人もいますので、自身の体質に合った素材の手袋を使用してください）。

■オキシ濃度の理解と使いこなし

酸化染毛剤を使いこなすためには、２剤の主成分であるオキシ（OX）濃度の理解が欠かせません。ここでは６％、３％、１％のオキシ濃度を比較してみていきます。

※オキシ酸化力（活性酸素の量）は、アルカリの量によって変化する。
ここではアルカリ量と色素量が同じ１剤に対するオキシ濃度の違いを表わしている。

■酸化染毛剤の２剤の主成分である過酸化水素（オキシ／OX）は、pHが上昇すると酸素を放出して水になります。ここで発生する酸素は「活性酸素」と呼ばれるもので、空気中に存在する酸素より強い酸化力があります。この強い酸化力によって、１剤に配合されている染料を酸化重合させて発色し、染毛しています。
この活性酸素のもう一つの働きは、毛髪中のメラニン色素を分解して毛髪を明るくすること、つまり脱色の働きです。
同じ活性酸素が染色時には酸化重合を、脱色時には酸化分解といった、二つの異なる作用を同時に行っているのです。
■この二つの作用に必要とされるパワー（酸化力）はどの程度なのか。実はこれがオキシ濃度の理解の最も重要なポイントとなります。
答えは、染料を酸化重合するために必要な酸化力は比較的小さく、脱色のために必要な酸化力は大きい、ということです。染料の酸化重合に必要なのは、配合されている染料の量にもよりますが、オキシ１％程度の酸化力です。これに対して脱色は、相当量の酸化力が必要になります。日本では薬機法により、オキシ濃度が６％までしか認められていないため６％の配合が最大ですが、６％のオキシを使用しても、４レベルの黒髪を10～12レベル程度までしか脱色（リフトアップ）することはできません。いずれにしてもメラニン色素を分解するには、かなりの活性酸素のパワーが必要になることを覚えておきましょう。この活性酸素はメラニン色素を分解するだけでなく、既染部の色素や毛髪内部のケラチンタンパク質も同時に分解・破壊する働きをします。無理な脱色やリフトアップを行うと、毛髪のダメージにつながることがイメージできると思います。
■オキシ濃度に関しては、さまざまな種類の製品がありますが、大きくは三つに分けられます。オキシ濃度を最大限にした６％、３％付近、そして１％付近の製品です。それぞれの特徴を整理していきましょう。

［OX 6%］

染毛も脱色も確実に行う

・明度はしっかり上がる（リフトアップする）
・しっかりと染毛する（色味を出す）
・染まりにくい髪に適している

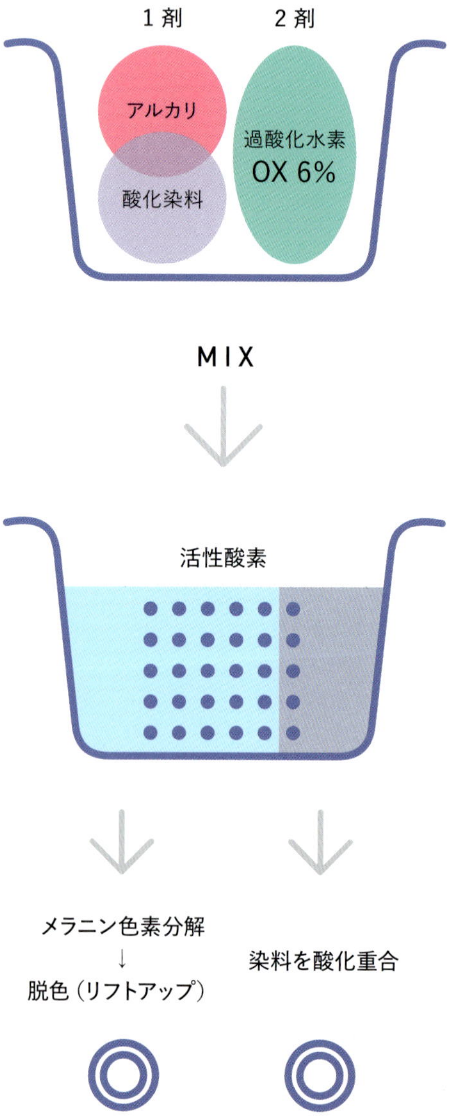

[OX 3%]

確実な染毛と少しの脱色

・明度はあまり上がらない(多少リフトアップする)
・しっかりと染毛する(色味を出す)

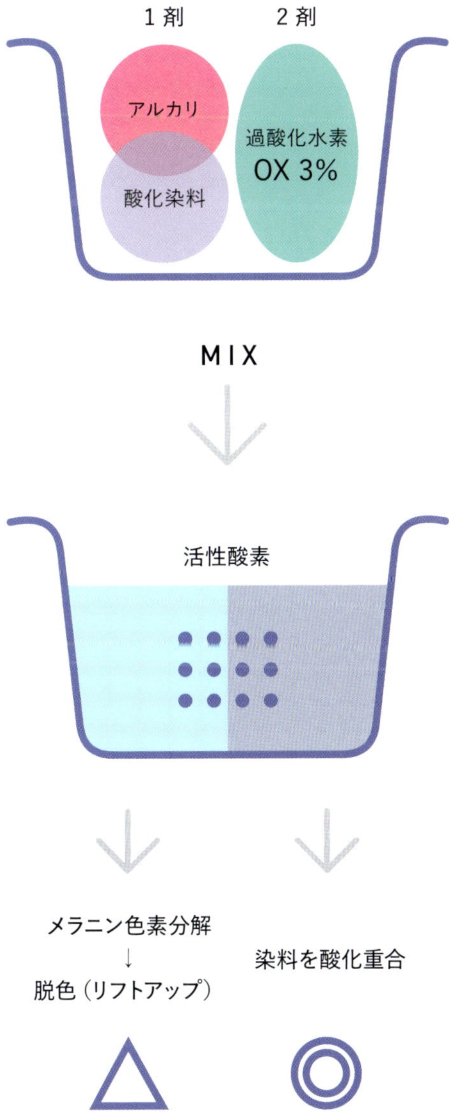

[OX 1%]

染毛には充分だが、脱色はほとんどしない

・色味だけで、明度はほとんど上がらない
(1剤によっては下がる)
・ダメージ毛に対して色味を加える

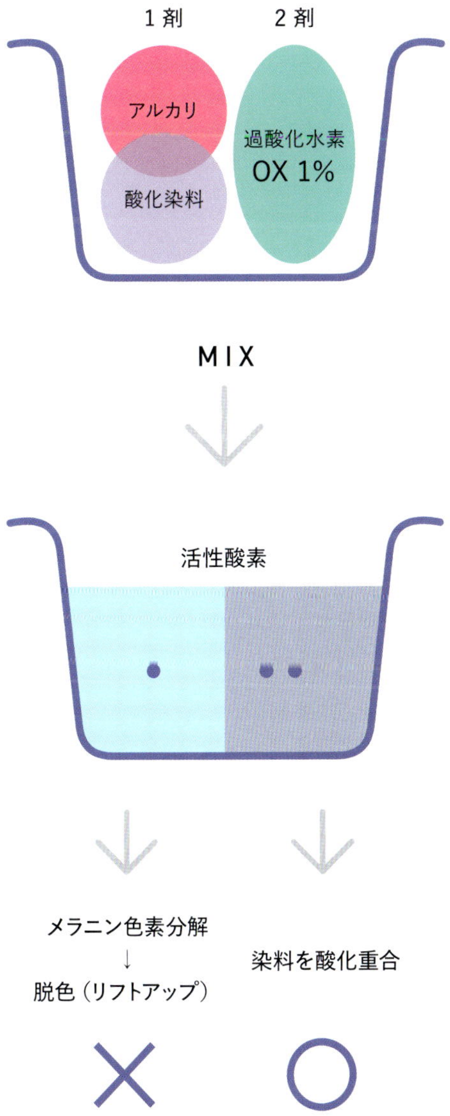

Column ①

サロンカラーとホームカラーの違いとは?

ヘアカラーは、サロンで美容師が施術するサロンカラーと、お客様自身で行うホームカラーの2種類に分かれます。カットやパーマで来店しても、残念ながら未だに「カラーは自宅で」というお客様もいらっしゃいます。私たち美容師は、1人でも多くのお客様に、サロンでプロが施術するカラーの良さを理解していただきたいと願っています。そのためにはまず、美容師自身がサロンカラーとホームカラーの違いを知って整理し、サロンカラーのメリットをお客様にきちんと説明できるようでなければなりません。ではその違いとは何でしょう? 両者にはどのような差があるのでしょうか?

ホームカラー剤とサロン用カラー剤に薬剤的な違いはあるか?

結論から言うと、基本的な成分構成において両者に大きな違いはありません。ホームカラーであれサロンカラーであれ、染毛剤、脱色・脱染剤として使用できる成分は薬機法及び染毛剤製造販売承認基準で定められています。ホームカラーの場合はお客様自身が自分で髪を染めることを前提にしており、使いやすい剤型(クリーム状、泡状など)、包材(1、2剤が同時に出るエアゾールタイプ、クシ部から薬剤がでてコーミング感覚で塗布できるものなど)が重視され、その操作性に沿った構成の違いはあると言えます。ただしホームカラー剤は染めムラが出にくくなじみの良い色調が多く、サロンカラー剤のような豊富なラインナップは存在しません。ナチュラルなブラウン系を中心とした、カラーラインナップとなっています。

サロンカラーにしかできないことは?

ではどのようなメリットを掲げて、お客様にサロンカラーをアピールすればいいのでしょうか? サロンでは

① ヘアスタイルやその人の雰囲気、肌や瞳の色などに合わせて、多彩な色の中から「その人に似合う髪色、カラーデザインを提案」

② 髪のコンディションや履歴を考えて「最適な薬剤、テクニックを選択」

③ その結果「求めるヘアカラーに対して、最も負担をかけない方法で提供」

することができます。

例えば、ヘアデザインの動きや束感を強調したり、よりつややか、より柔らかくといった質感を表現して見せること。肌色が明るく澄んで見える色を選ぶこと。カラーを繰り返しても、根元リタッチや薬剤の塗り分けなどのテクニック、微アルカリカラーやオキシ濃度の選択等で、髪のコンディションをキープすること。ホイルワークを用いて、白髪を隠すのではなく活かす方向でデザインすること。白髪が多少伸びても気にならないグレイカラーにすることetc…。これらはみな、サロンでしかできないカラーです。まさに、美容のプロとしての知識と技術、デザイン力を総合しなければできないカラーです。私たちはこのことをお客様にきちんと説明、提案していく必要があります。

大切なのはプロフェショナルな知識とテクニック

逆を言えば、ただ明るい茶色にするだけのファションカラーや、白髪を黒く染めるだけのグレイカラーを提供していたのでは、サロンカラーの良さを分かってもらうことは難しいと思います。

ホームカラーはお客様にとって、手軽で安価にできることが最大の魅力。それに対してサロンカラーはプロのスキルで、ダメージが少なく高品質なヘアカラーを提供できることがメリット。お客様にとってサロンカラーがホームカラーより価値あるためには、ヘアカラーを施術する美容師1人ひとりが、プロフェッショナルな知識とテクニックを持つことが重要なのです。

Chapter 2
基礎テクニック

基本の操作

[薬剤の作り方]

01 まず水平な場所にスケールを置き、電源を入れる。目盛りが0を表示していることを確認。

02 カップを乗せた状態で、スケールの目盛りが0になるように調整する。

03 1剤をカップに入れる。規定量ぴったりになるように注意する。

04 次に2剤を入れる（ここでは1剤と同量)。ここもぴったり規定量になるように入れること。

05 カップをしっかり持ってマドラーを小刻みに回転させ、1剤と2剤を手早くしっかりミックスさせる。目安は約30秒間。大きくかき混ぜると中心部がムラになりやすいので注意。

06 OKと思った状態からさらに30回かき混ぜるくらいの気持ちで。全体が均等に、なめらかでクリ―ミィな状態になったらOK。

[薬剤の取り方]

多 ハケに取る薬剤量・多

中 ハケに取る薬剤量・中

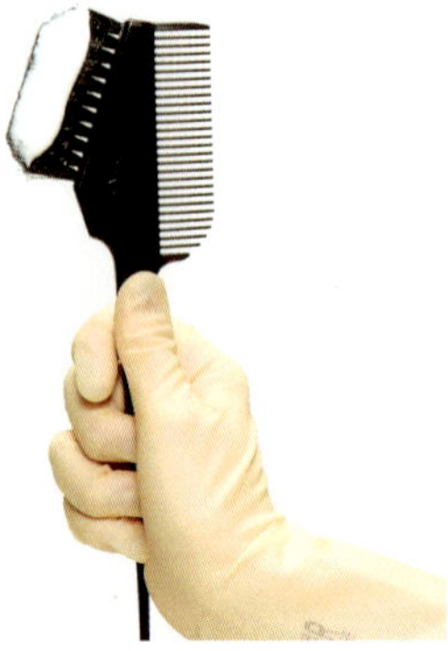

少 ハケに取る薬剤量・少

ハケに取る薬剤量は、髪の状態や薬剤の種類によって「多い~少ない」を調節していきます。調節は①ハケに取る薬剤量　②ハケで塗る角度（P.25）によって操作。まずはハケに取る薬剤量を「多い」「中くらい（普通)」「少ない」の3種類に分け、基準として使い分けられるようにしておきましょう。左写真のハケについている量が、その目安です。

［染まりやすい部位、染まりにくい部位］

染まりやすい部位と染まりにくい部位の注意点とは？

人間の頭は毛髪の太さや体温の影響で、部位によってカラー剤の反応スピードが異なります。このことを理解して塗布量と塗布手順を考えないと、発色がムラになる、もしくは明るくなり過ぎたり、暗過ぎる部分が出てきたりします。基本的に染まりにくい部分はハケを寝かせて塗布量を多めに、染まりやすい部分はハケを立てて塗布量を少なめにします。

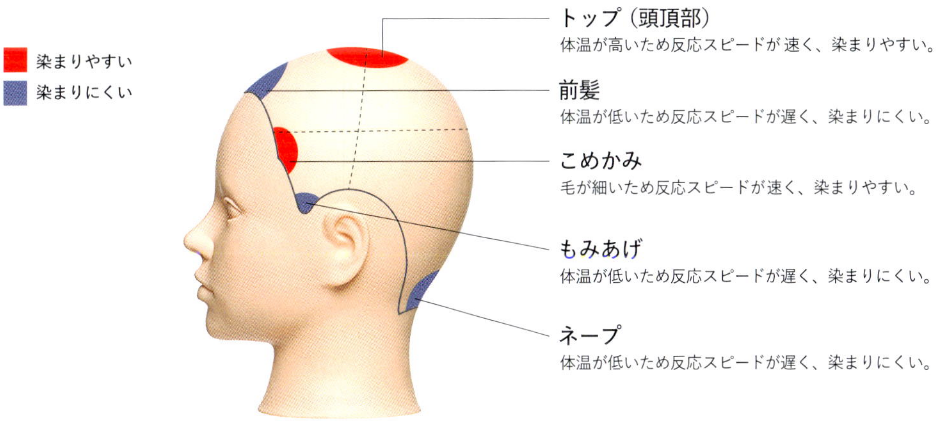

■ 染まりやすい
■ 染まりにくい

トップ（頭頂部）
体温が高いため反応スピードが速く、染まりやすい。

前髪
体温が低いため反応スピードが遅く、染まりにくい。

こめかみ
毛が細いため反応スピードが速く、染まりやすい。

もみあげ
体温が低いため反応スピードが遅く、染まりにくい。

ネープ
体温が低いため反応スピードが遅く、染まりにくい。

ハケの角度とカラー剤の塗布量（例）

少ない　　　　　　　　　多い　　　　　　　多い　　　　　　　　　少ない

健康毛のトーンアップ　　　　　　　　毛先ダメージ毛のトーンダウン

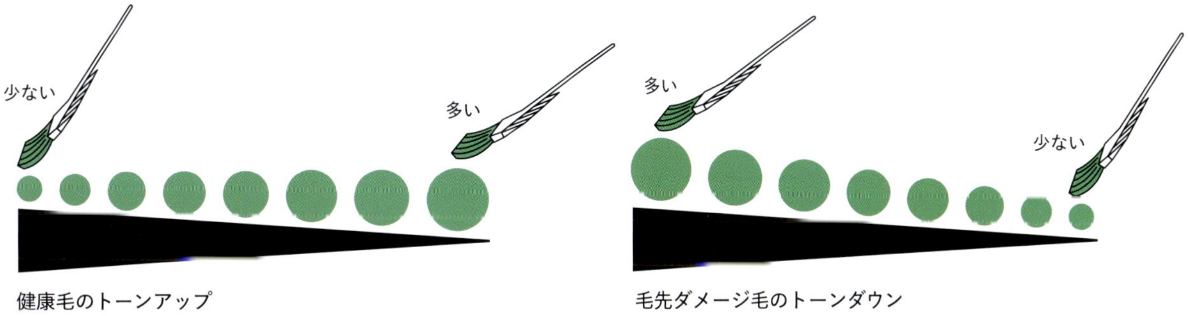

ハケを寝かせて多めに塗布する主なケース
① グレイカラーの根元リタッチなど、白髪が集中している部分（白髪は染まりにくいため）。
② 水をはじきやすい撥水性の毛髪や硬毛。

ハケを立たせて少なめに塗布する主なケース
① ファッションカラーの根元（体温の影響を受けやすいため）。
② ダメージしている毛先（ダメージ部分は染料が入りやすい）。
③ 生え際などの産毛。

基本の操作

[正しい姿勢とフォーム]

正しい姿勢はなぜ大切か?

塗布するときの正しい姿勢とフォームは、正確な技術に直結します。姿勢やフォームが不適切だとスライスの取り方やパネルの引き出し方、塗布などが不正確になり、仕上がりに影響するので、まずは「型」をしっかり身につけましょう。

立ち位置

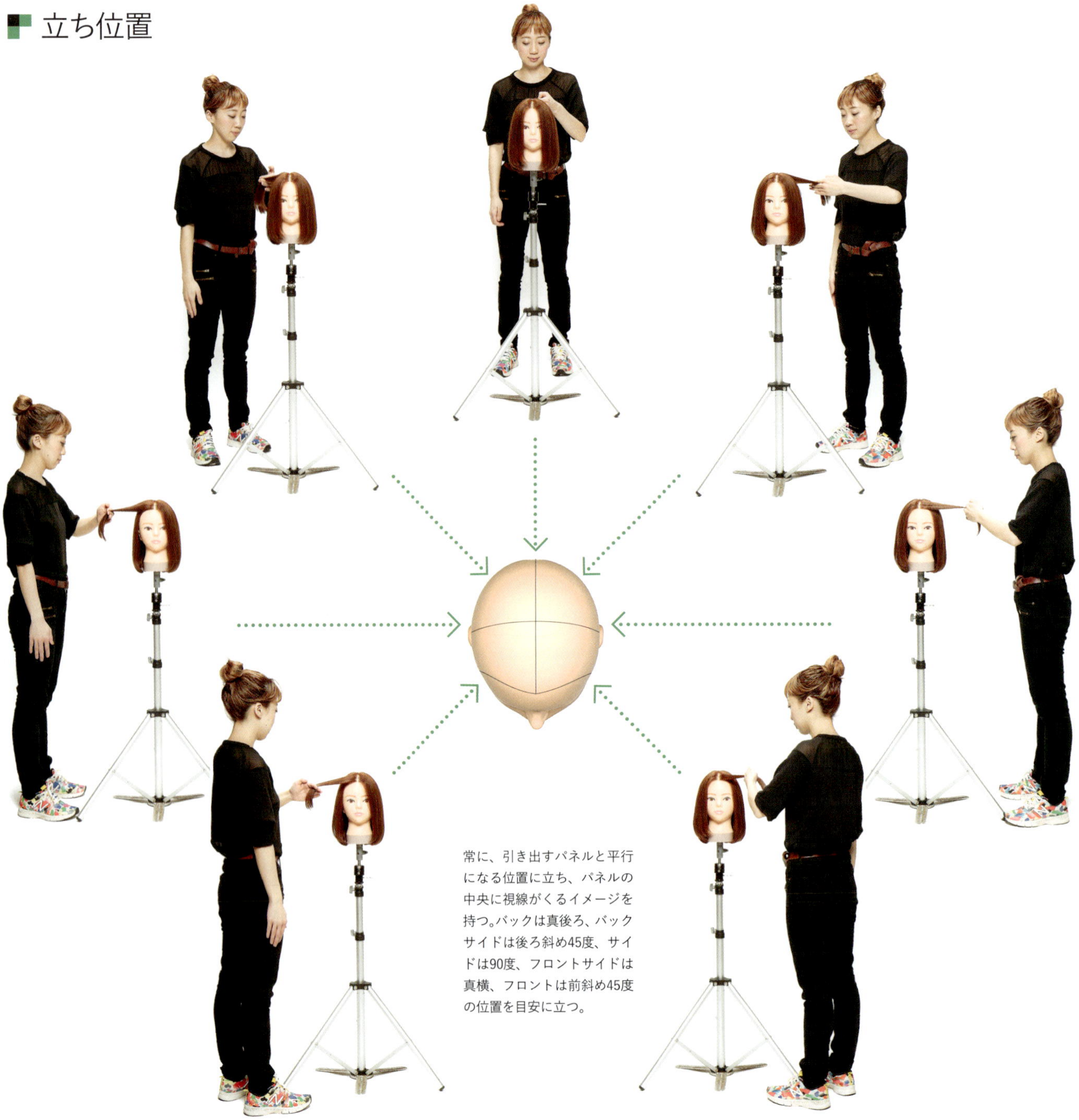

常に、引き出すパネルと平行になる位置に立ち、パネルの中央に視線がくるイメージを持つ。バックは真後ろ、バックサイドは後ろ斜め45度、サイドは90度、フロントサイドは真横、フロントは前斜め45度の位置を目安に立つ。

目線

OK

上のパネル

パネルを引き出すときは、常にスライスを見る角度を一定にキープ。同じ角度になるように膝を曲げて姿勢を調整する。

OK

下のパネル

アンダーセクションを塗布する場合は、膝を落として目線が一定になるようにする。

NG

上のパネル

ありがちなNGは、お客様と身体の距離が近く、上から覗き込むような姿勢になること。作業がしづらく、塗布ムラが起きやすい。

NG

下のパネル

低い位置を塗布するときに、横から覗き込むような姿勢を取ると、目線が狂って、塗布範囲を正確につかめない。その結果、塗布ムラが起きがちになる。

基本の操作

フォーム

OK

正しいフォームは塗布の正確性と安定性を保つと共に、見た目の美しさにも繋がる。足を肩幅程度に開き、ひじを常にスライスと平行に保つことが大切。

NG

このようにひじが下がってしまい、スライスと平行になっていない状態では、パネルに対して均等に塗布することが難しく、塗布ムラの原因となる。

ハケの持ち方

OK

裏から見たところ

表から見たところ

テール部分を使うとき

ハケの基本の持ち方。薬剤塗布やコームでなじませる場合は、親指と人差し指でコームのつけ根をおさえて持ち、残りの指でテールを軽く握って、自在に動かせるようにする。テールを使って毛束をすくったりスライスを取る場合は、ハケに近い部分を鉛筆を握るように持つ。

NG

テール部分のみを手のひら全体で握ってしまうと、ハケがふらついたり、軸が回転してしまうことがあり、正確な塗布のコントロールができない。

ハケの角度

ハケの使い方(角度)で塗布量は変わる。ハケを立てると塗布量は少なくなり、逆にハケを倒す(寝かす)と塗布量は多くなる。90度、60度、30度、0度の4段階で角度を使い分け、状態に合わせて塗布量をコントロールできるようにする。

ワンメイクとリタッチ

髪全体を均一に染めあげる「ワンメイク」と、ヘアカラー後、伸びた新生毛（根元）部分を既染毛部分と揃える「リタッチ」は、ヘアカラーテクニックの基本中の基本。ここではファッションカラー、グレイカラー、ヘアマニキュア、ブリーチの、ワンメイクとリタッチを解説していきます。

ファッションカラー

>>>P.30 ファッションカラーのワンメイク
>>>P.34 ファッションカラーのリタッチ
>>>P.36 ファッションカラーの2タッチリタッチ

グレイカラー

>>>P.38 グレイカラーのワンメイク
>>>P.40 グレイカラーのリタッチ

| ヘアマニキュア |

>>>P.42 グレイヘアのヘアマニキュア

| ブリーチ |

>>>P.44 ブリーチのワンメイク
>>>P.46 ブリーチのリタッチ

ワンメイクとリタッチ

［ワンメイクとリタッチのセクショニング］

ワンメイクとリタッチのセクショニングとは？

塗布作業を正確、且つスピーディにするために、あらかじめセクショニング（合理的に進めるために、頭をいくつかのセクションに分けておくこと）をしておく必要があります。ここではワンメイクやリタッチはもちろん、ホイルワークの時にも使う代表的なセクショニングを掲載。また目的別に、良く使うスライスと塗布手順のパターンも紹介しています。

セクションの取り方とセクション番号

4セクション

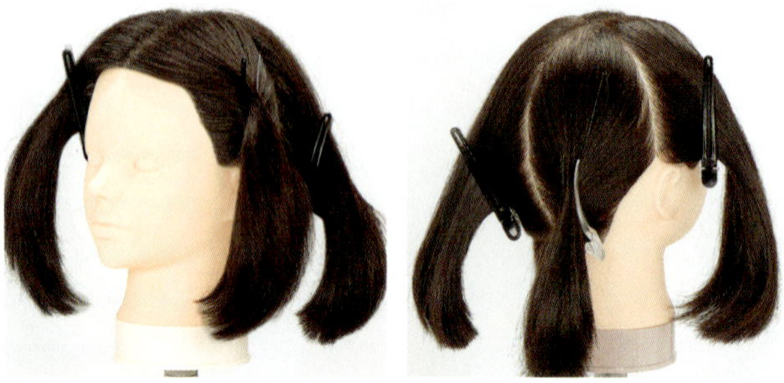

最も基本的な、正中線（センター）とイア・トゥ・イアで頭を4分割するセクショニング。中間～毛先を塗るときに使うことが多い。

9セクション

正中線とイア・トゥ・イアで前後左右に分け、ハチ上でも上下に分ける。ただしつむじ周りは三角形に近い1つのセクション（9）に取る。根元を塗る時やリタッチによく使うセクショニング。

スライスの取り方と塗布の順番

パターン A

①グレイカラーの中間～毛先
②ヘアマニキュア

［塗布］

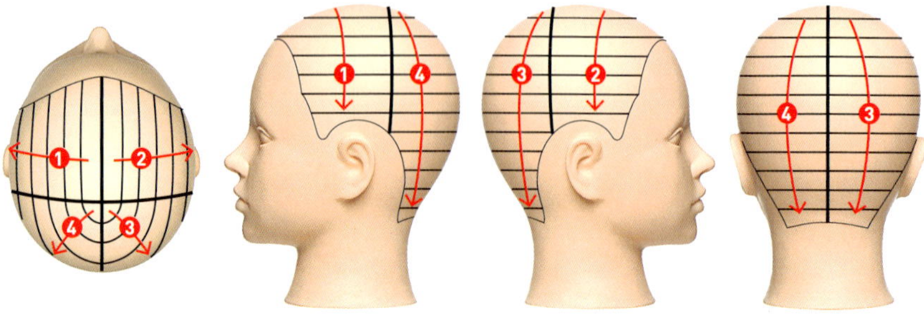

［ヘアマニキュアのクロスチェック］

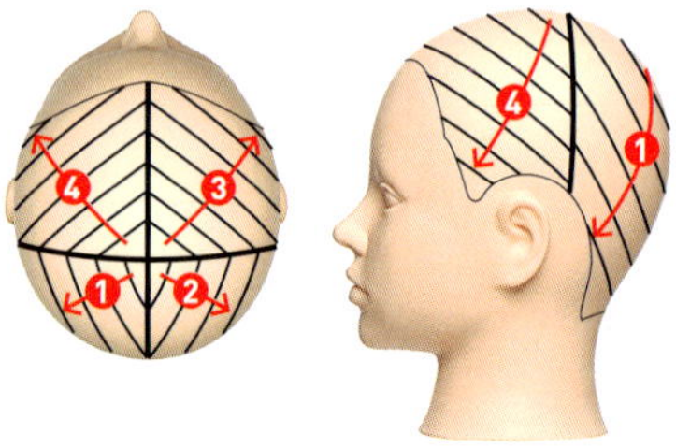

パターン B

①ファッションカラーのワンメイクの中間〜毛先
②ブリーチのワンメイクの中間〜毛先

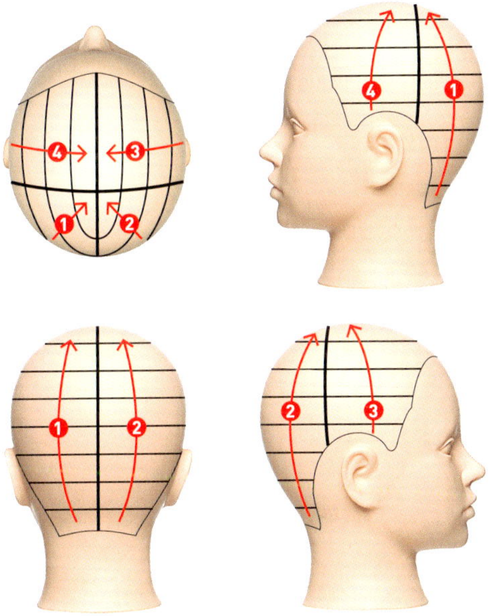

パターン C

①グレイカラーのワンメイクの根元&リタッチ

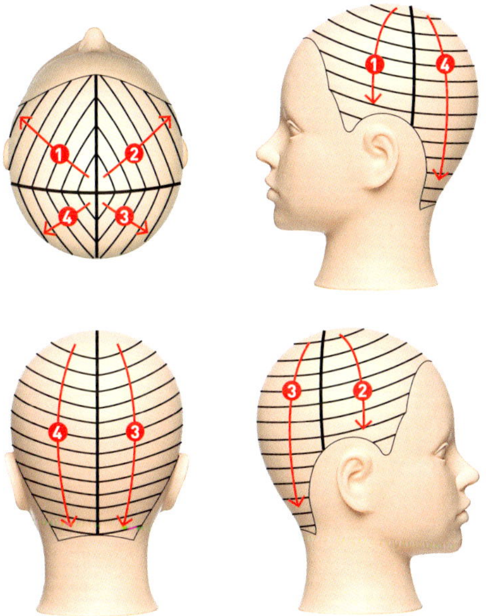

パターン D

①ファッションカラーのワンメイクの
根元&リタッチ
②ファッションカラーの2タッチ・リタッチ
③ブリーチのワンメイクの根元&リタッチ

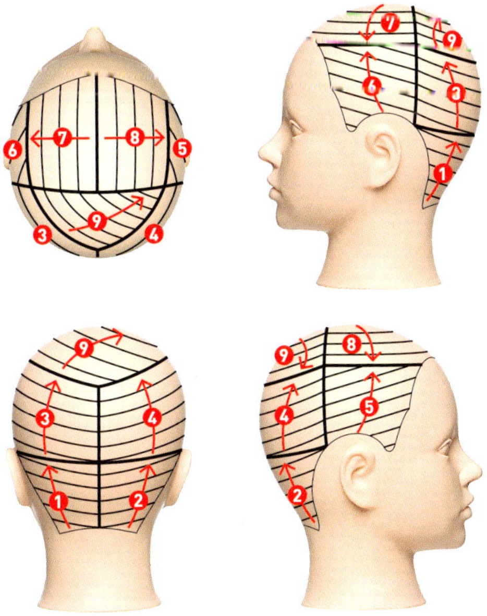

パターン E

①ファッションカラーのワンメイク&リタッチ、
2タッチ・リタッチのクロスチェック
②ブリーチのワンメイク、リタッチのクロスチェック

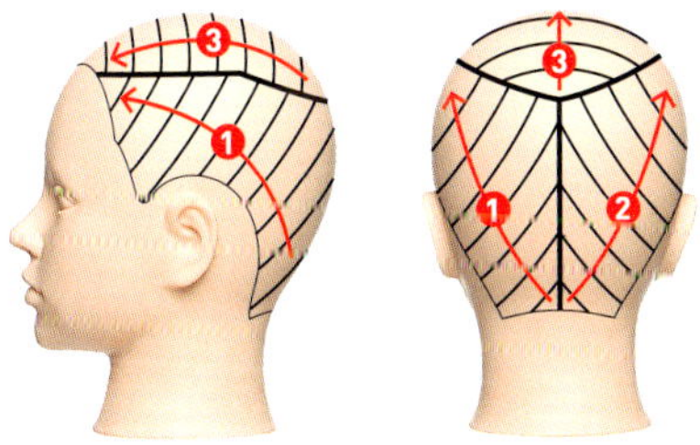

パターン F

①グレイカラーのワンメイクと
グレイカラーリタッチのクロスチェック

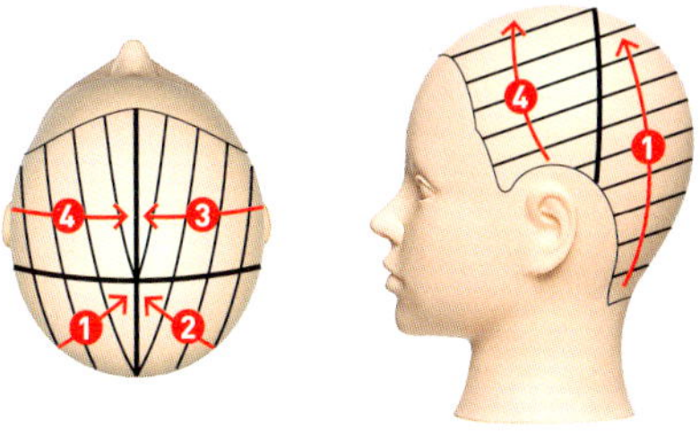

ワンメイクとリタッチ

[塗布の基本]

多 中 少 = 薬剤の塗布量の違いを指す

塗布を正確に行うポイントは？

右記の具体的な塗布操作をマスターして、1パネルずつ確実に丁寧に、そしてスピーディに塗布できるようにトレーニングをしましょう。ハケの先端についた薬剤は、カップのフチを使ってしごき取ります。P.22〜24の「姿勢とフォーム」をしっかり保ち、P.21の「染まりやすい部分と染まりにくい部分」に注意しつつ塗り進めていきます。

■ Technique

01 テールで厚さ2センチのスライスを取る。このとき左手でスライスの終点を押さえると正確に取り出せて、顔にも髪がかからない。

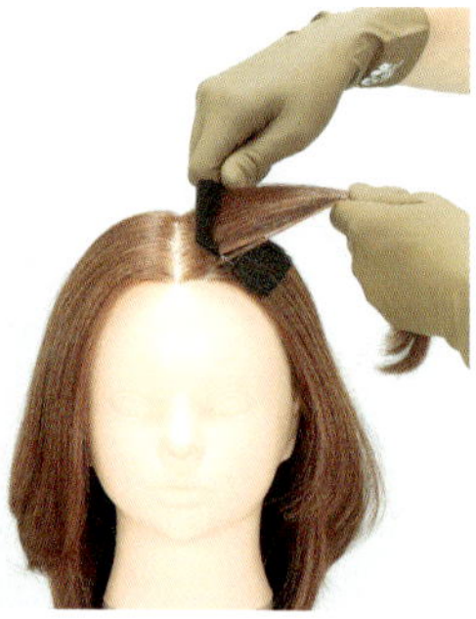

02 裏側から一度コーミングして毛流れを整えると共に、根元をオンベースに立ち上げる。

■ Technique

03 立ち上げたパネルの裏側に左手を入れる。

中

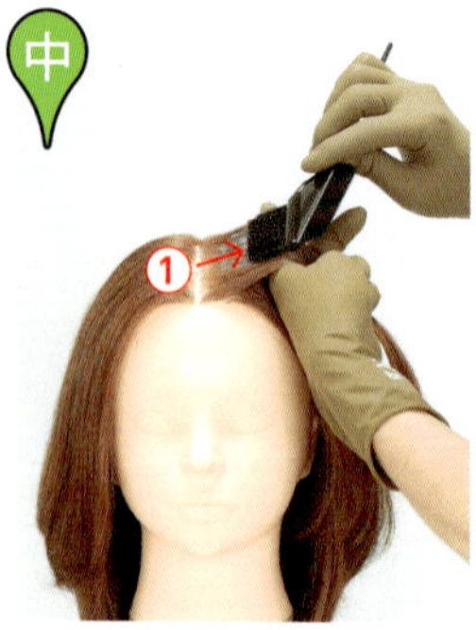

04 根元を1.5センチ空けて、薬剤を塗布。まずはパネルの真ん中にハケを90度で置く。そこから徐々に60度に傾けながら塗布。

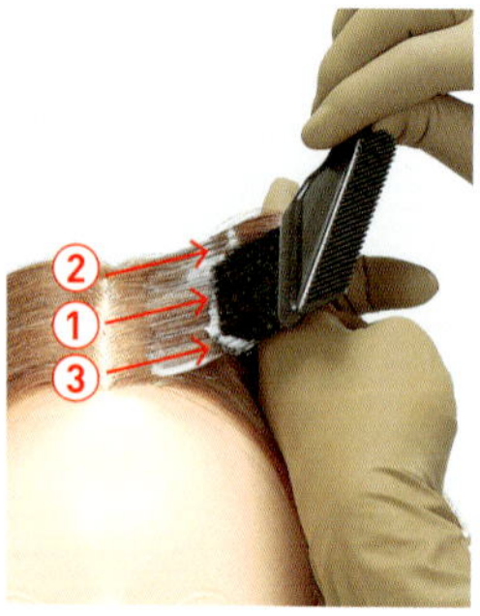

05 パネル幅が広いので、**04**と同様に奥側、手前側の順番で1パネルを3回に分けて塗布。

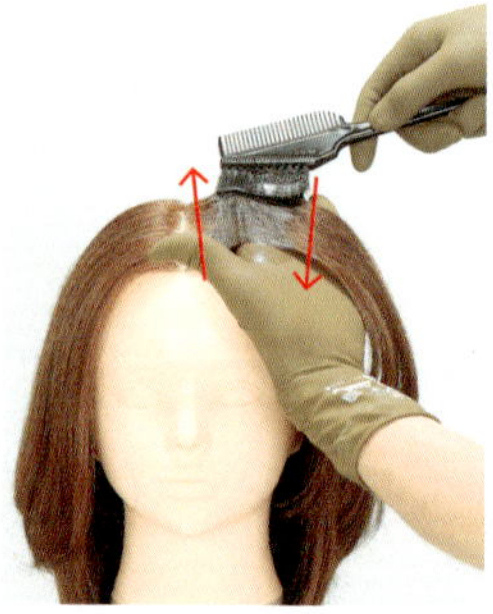

06 **04**〜**05**で塗布した部分に、ハケをスライスに平行に横スライドさせて、薬剤を均等になじませる。

07 さらに根元1.5センチ空けた部分の裏側からコームを入れて、薬剤を裏側にもなじませる。

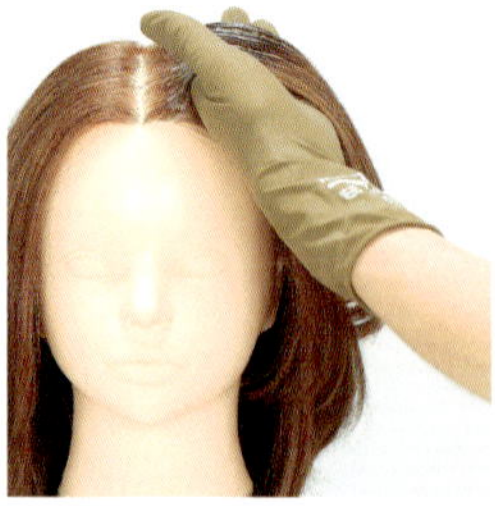

08 もう一度パネルを左手の上に乗せる。

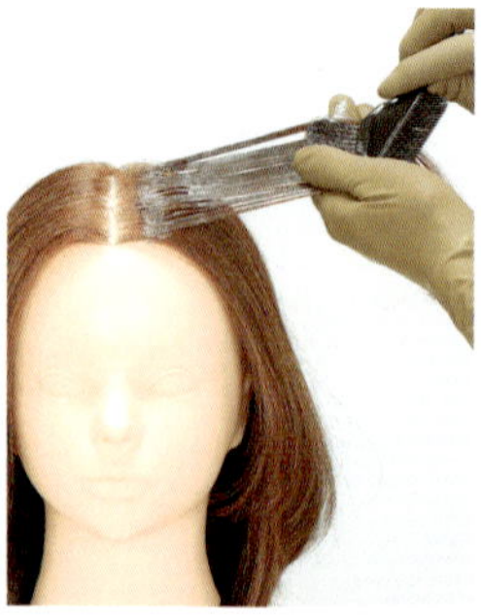

09 ハケに薬剤を多めに取り、根元は空けたまま、毛先に向かって中間部に塗布。ハケの角度は60度。

多

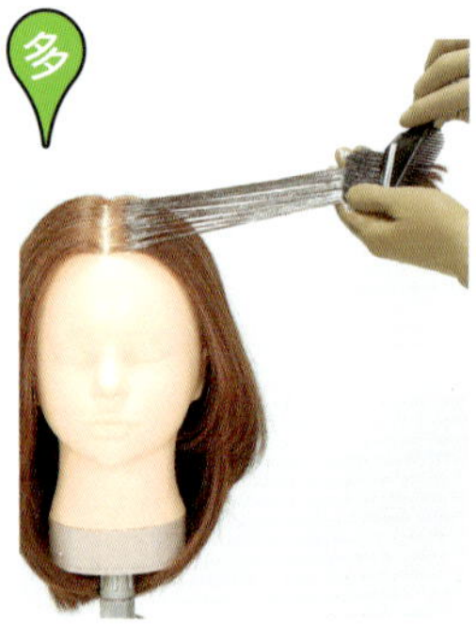

10 塗布した中間部は手でもみ込み、90度でコーミングした後、再びハケに薬剤を多めに取って**09**同様に毛先まで塗布。

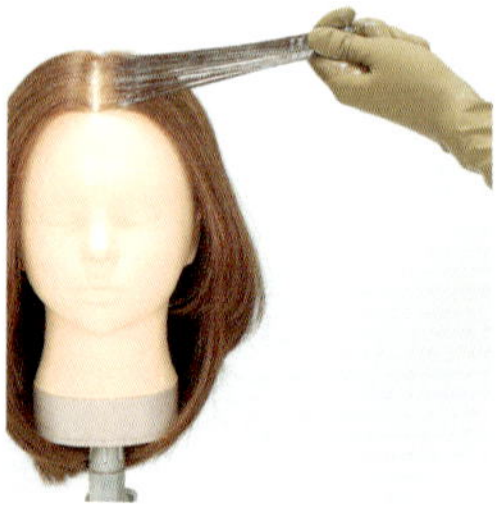

11 塗布部分は優しくもみ込む。

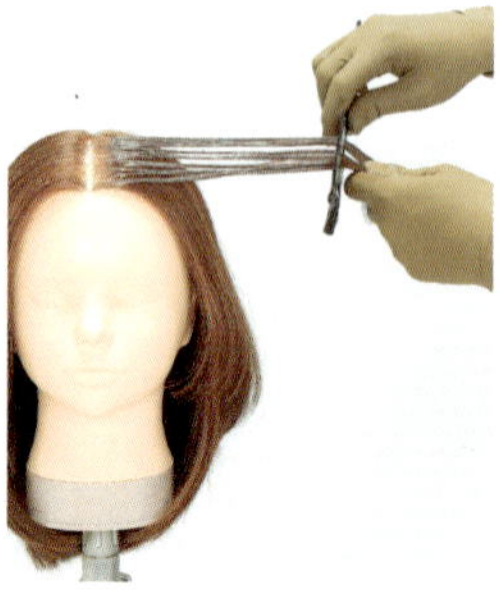

12 最後に塗布した毛先部分のみコーミング。これで1パネルの塗布が終了。

[ファッションカラーのワンメイク]

ファッションカラーのワンメイクとは？

アルカリカラーや低アルカリカラーのファッションカラー剤（＝おしゃれ染め）で、根元から毛先までを均一に1色にカラリングするテクニック（＝ワンメイク）。ヘアカラーの最も基本的な技術の一つです。ここではバージン毛を9レベルのナチュラル系に仕上げる例でみていきます。

■ Before

4レベルの黒髪、バージン毛を想定したワンレングス。

■ Sectioning

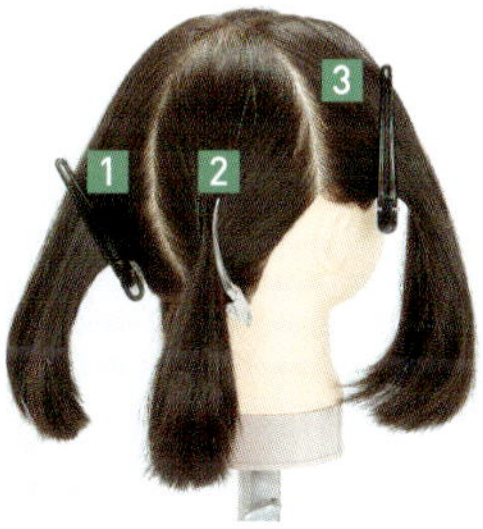

バックセンター、イア・トゥ・イアで分ける基本の4セクションを（P.28参照）を取る。

■スライス線と塗布手順

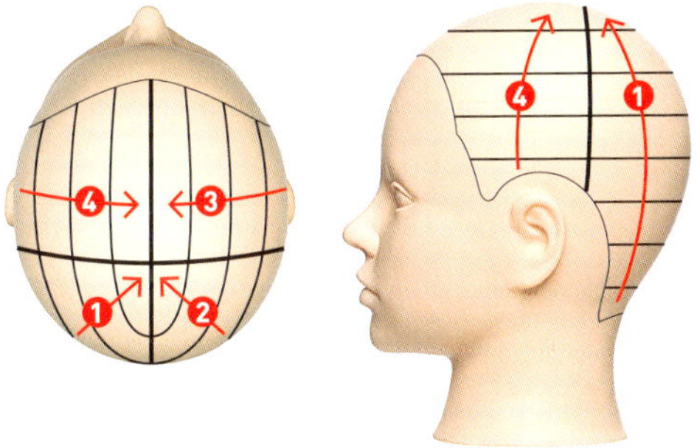

中間から毛先はP.29のパターンB（上図）、根元はP.29のパターンDのスライスを取る。

■ Technique

01 セクション1のネープから。厚さ2センチのスライスをオンベースで引き出し、根元1.5センチを空けた位置から薬剤を塗布。

02 ハケの角度は60度〜0度に徐々に寝かせながら進み、毛先まで伸ばす。

03 この要領で上に向かって進んでいく。3パネル目からはスライス幅が広くなるので、3分割して塗布。まず真ん中を塗る。

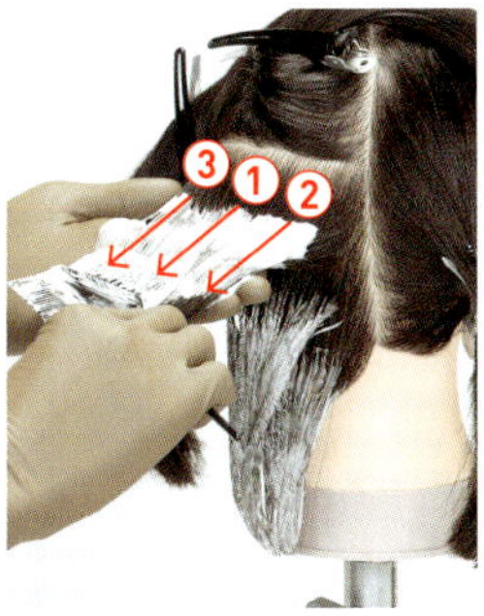

04 次に手前側、最後に奥側を同様に塗布。

05 上に行くにしたがってパネルが下がりがちになるので、オンベースをキープすること。

06 毛先はハケを左右にスライドさせて、裏面にまでしっかり塗布。この要領でトップまで進み、逆サイドのセクション2も同様に。

07 セクション1と2の、中間〜毛先までの塗り終わり。根元がつぶれてくっつき合わないように、パネルはふんわり重ねること。

08 フロントサイドのセクション3も、厚さ2センチのスライスをオンベースで引き出し、根元1.5センチ空けた位置からスタート。

ワンメイクとリタッチ

[ファッションカラーのワンメイク]

▶▶▶ Technique

NG

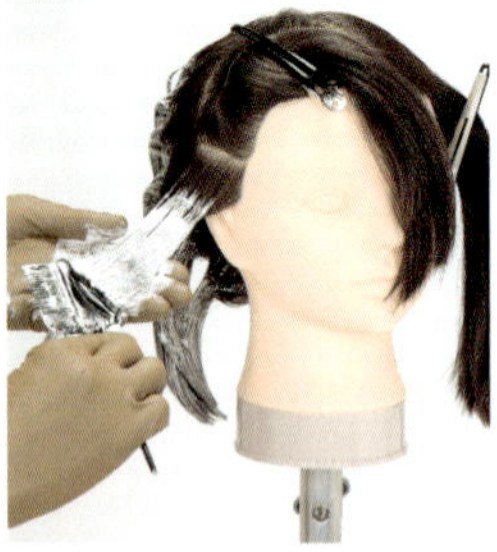

09 このとき分け取っている毛束が、顔側に落ちてこないように注意する。

10 上のパネルは角度が下がりがちなので、オンベースをしっかりキープする。

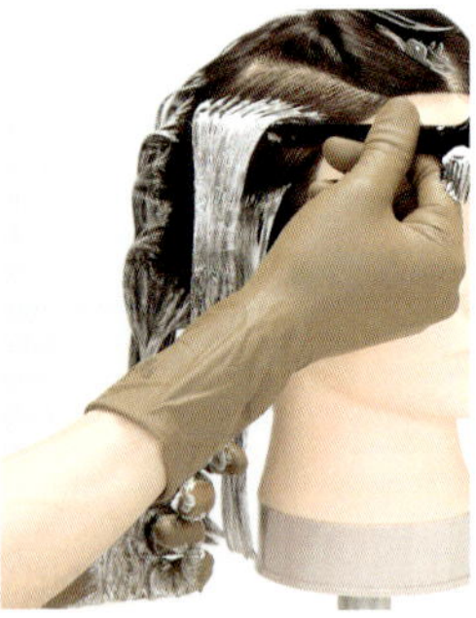

11 塗り終わった毛束の根元がつぶれてくっつき合わないように、一束ずつ根元をコームのテールで浮かせながら、ふんわりと重ねる。

12 上のパネルはスライス幅が広くなるので、薬剤が均等につくように 1パネルを3分割し、真ん中、奥、手前側の順で塗る。

13 塗った毛先は、毛が絡まないように優しくもみ込んで薬剤を浸透させる。長さのある毛先ほど浸透しにくいので忘れずに。

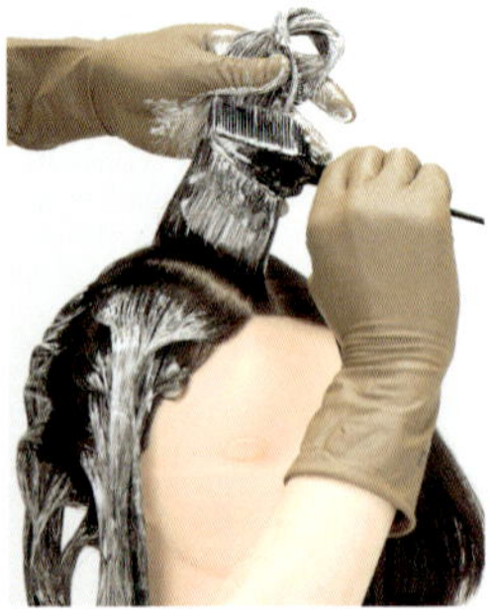

14 トップはパネルをしっかり引き上げ、根元1.5センチ空けた位置から、裏側も毛先までまんべんなく塗布。逆サイドも同様に。

15 フロントサイドのセクション3〜4の、中間〜毛先の塗り終わり。

16 ここからはP.28の9セクションをイメージし、P.29のDのスライスで。セクション1から斜めスライスで根元を1.5センチ塗布する。

17 斜めスライスで根元を塗布し、順に上のセクションに向かう。

18 ヘムラインはパネルを上に引き上げて、裏面も生え際ギリギリからしっかり塗布。

19 バックのセクション1と2の根元の塗り終わり。

20 バックサイドのセクション3も斜めセクションを取る。

21 同様に根元を下から塗布していく。

22 同様にセクション4も塗布し、両バックサイドの塗布終了。

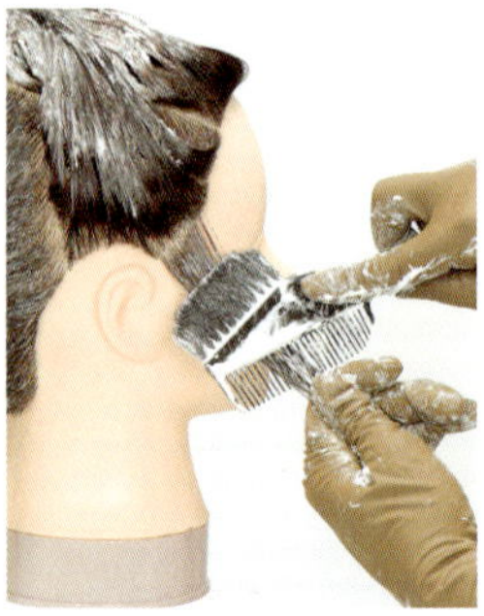

23 フロント側のセクション5に移る。顔周りは薄めの斜めスライスで取り、顔につけないように細心の注意を。

［タイムの目安］

塗り始めから塗り終わりまで

25分

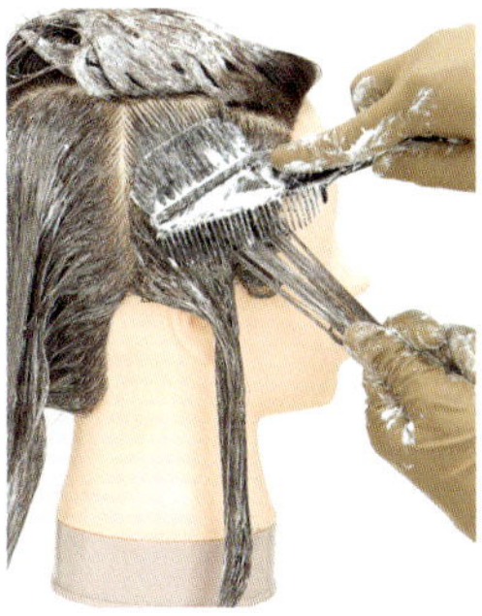

24 そのまま上まで塗り進めていく。逆サイドのセクション 6 も同様に塗布。

25 顔に薬剤がつかないように、ここも根元を浮かせてふんわりと重ねる。

26 セクション 7 の根元は、上から下に向かって塗る。スライス幅が広いので、2段階に分けて塗布。まず手前側から塗る。

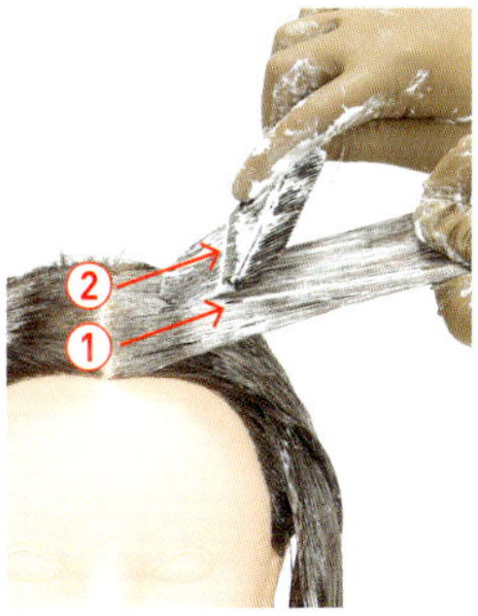

27 次に奥側の順番で塗布していく。

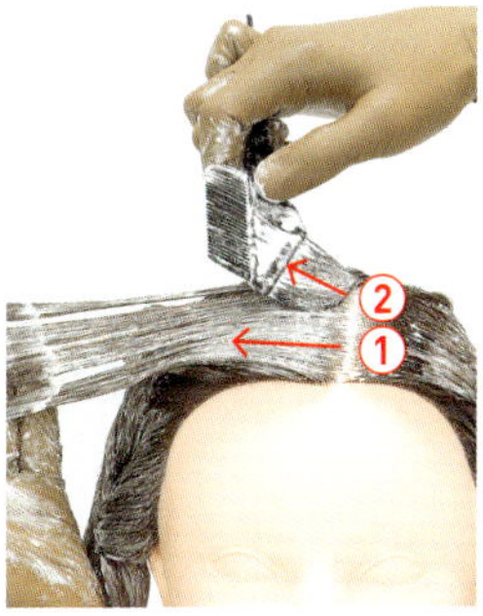

28 パネルの裏側も同様に塗布。逆サイドも同様に。

29 フロント・サイド（セクション 7 と 8 ）の根元の塗り終わり。

30 セクション 9 はバックに立って、つむじ周りのセクションを下から塗っていく。

31 これは 9 のラストパネル。

32 クロスチェックの塗布に入る。バックのネープから逆の斜めスライスを取る（P.29 パターンE参照）。

33 アンダーセクションから上に向かって、根元からしっかり塗布していく。

34 ハチ上はひとつにまとめる。

35 ハチ周りは薬剤が溜まり過ぎないように特に注意しながら、クロスチェックをする。

36 後にトップも後ろに向かって引きながらクロスチェックして終了。

37 ラップは毛をつぶさないように気をつけながら、ふわっと浮かせて包む。

38 塗布終了。

[ファッションカラーのリタッチ]

ファッションカラーの根元リタッチとは？

カラリングから１～1.5か月程度が経過し、根元の新生部と既染部の差が目立つが、既染部の色味がまだ楽しめる状態の場合、新生部のみをカラリングして既染部に合わせるテクニック。ただし、ファッションカラーのリタッチでは、根元のほうが明るくなる失敗がおきやすいので、手順、塗布量に注意して、正確かつスピーディな施術を行うこと。

■ Before

根元新生部が1.5センチ。既染部はナチュラル系９レベルに想定したワンレングス。

■ Sectioning

全体を基本の９セクションで分ける(P.28参照)。

■スライス線と塗布手順

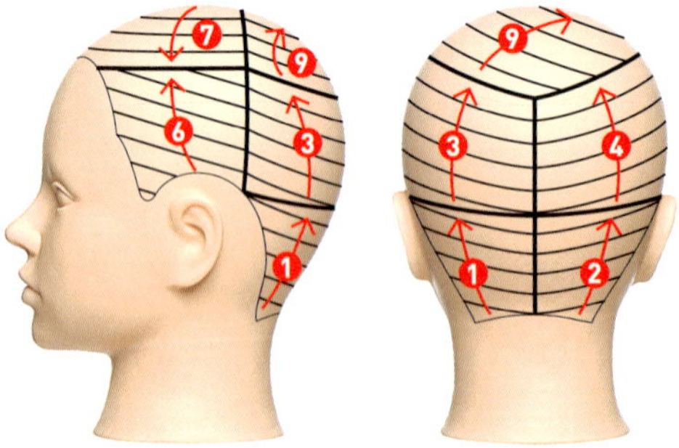

P.29のパターンDのスライスを取る。

■ Technique

01 全体を９つのセクションに分ける。

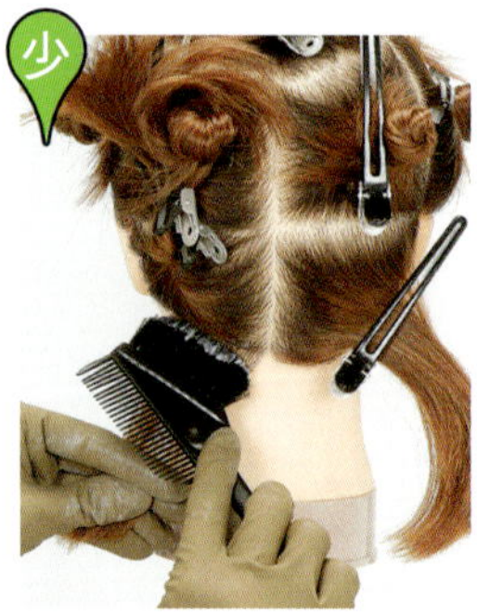

02 セクション1(ネープ左)から塗布スタート。新生部1.5センチを厚さ１センチの斜めスライスで取り、薬剤を塗布(薬剤量は少)。

03 パネルを引き上げて、裏側からも塗布(薬剤はスライスごとにハケに取る)。ここは反応しにくいので薬剤量をやや多めに。

04 逆サイドも同様に厚さ１センチの斜めスライスで、根元1.5センチを下から順に塗布。裏側からも塗布。

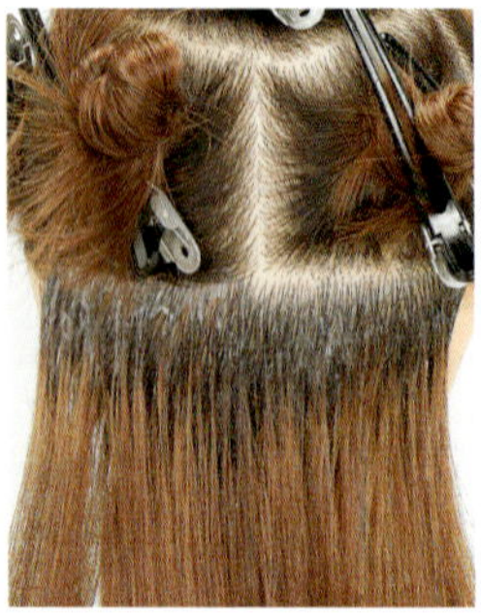

05 この要領で、ネープのセクション（セクション1と2）の根元を塗布を終了。

06 次にセクション3の根元を塗布。ここからはスライス幅が広くなるので、1パネルを2～3段階に分けて、端から塗っていく。

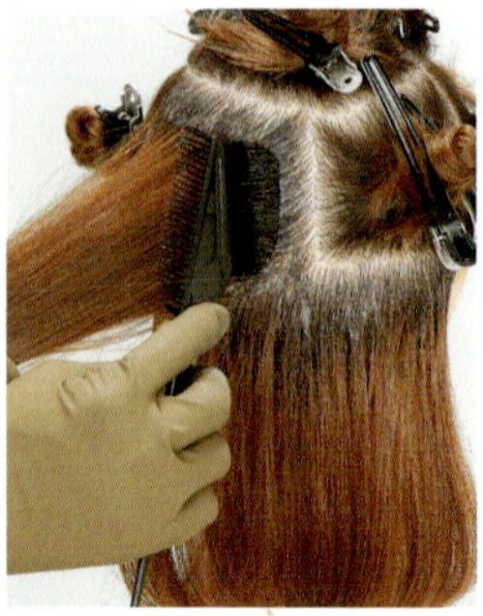

07 すべて表、裏と塗っていく。セクショニングラインも塗り漏れがないようにしっかりと。

08 サイド(セクション5～6)。人間の場合、耳周りのヘムラインは塗り残しが多いので注意。パネルを引き上げて、裏側から塗布。

［タイムの目安］
塗り始めから塗り終わりまで

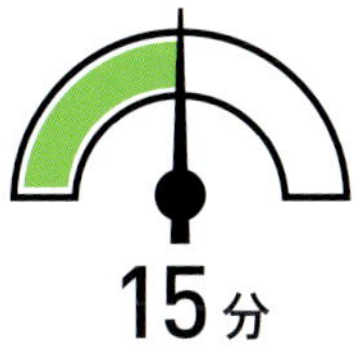

09 もみあげは染まりにくい部位なので、塗りもれがないように注意。

10 もみあげから斜めスライスを取り薬剤を塗布。この要領で、上方向へ進んでいく。

11 セクショニングラインもしっかり塗布すること。

12 トップは体温の影響を受けやすいので、根元側は少なめになるよう、ハケの角度を調節。

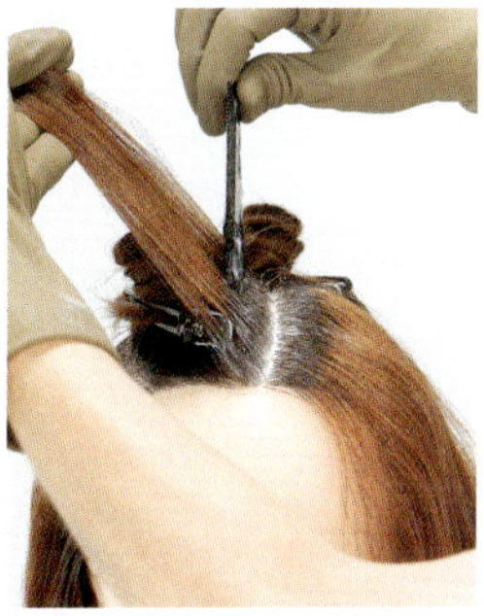

13 パネルの裏側からもしっかりと。ムラが出ないように素早く丁寧に。

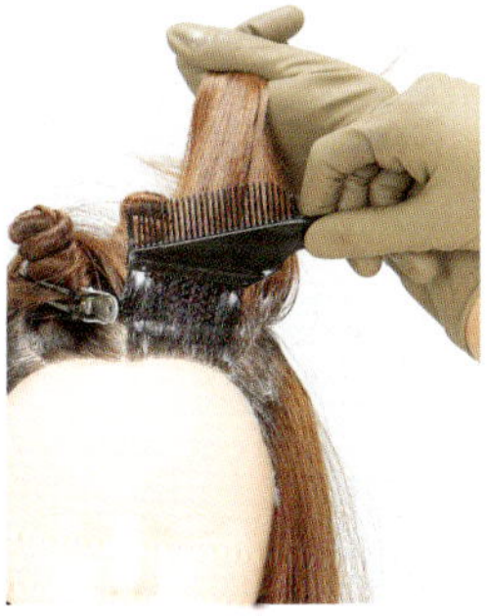

14 フロント生え際は、パネルをしっかり引き上げて、塗り残しがないように塗布。

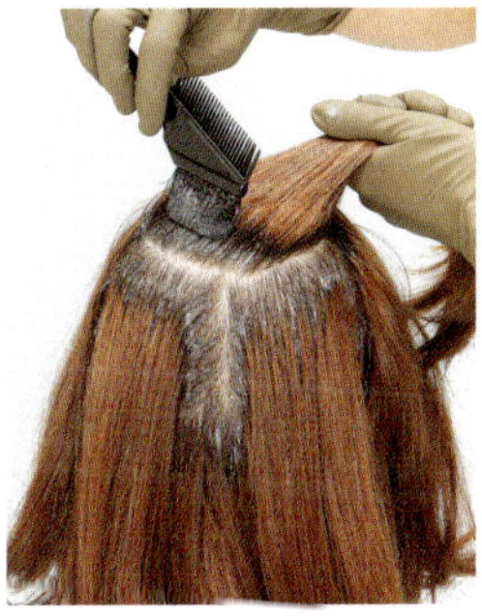

15 最後にバックトップの9を塗布。ハチ周りは骨格がカーブしているので、ハケの角度を変えて塗り残しがないようにする。

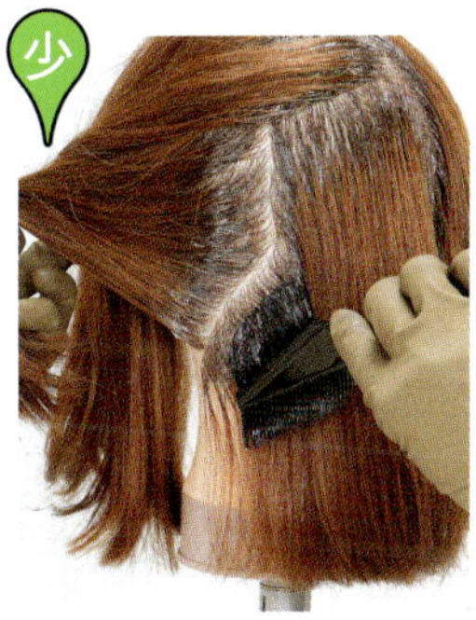

16 クロスチェックに入る(P29 E参照)。最初に塗った部分とは逆の斜めスライスを取り、ネープの根元から塗布。

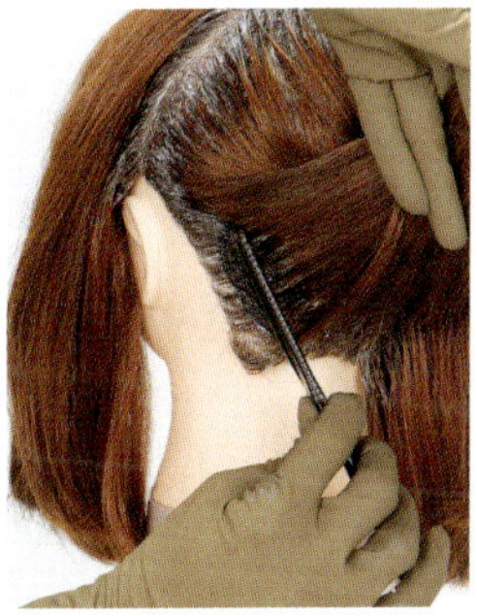

17 1→3→6 の順でクロスチェック後、えり足部分の塗布量うを整える。

18 セクション2→4→5の、逆サイドも同様にクロスチェック。

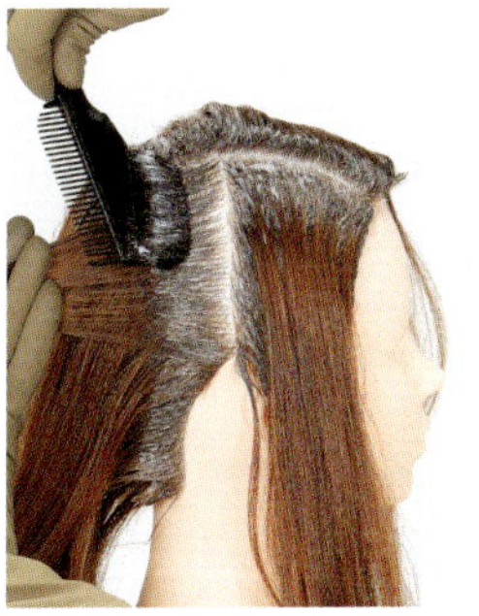

19 セクショニングラインは塗り漏れを起こしやすいので、しっかりチェック。

20 生え際も塗り漏れがないように塗布。

21 ハチ部分は9→7→8の順にクロスチェック。

22 最後にフロントの生え際をチェック。

23 塗布終了。塗り終わりがオールバックになるようにする。

[ファッションカラーの2タッチ・リタッチ]

ファッションカラーの2タッチ・リタッチとは？

新生部が3センチ以上になった場合は、P.32の「ファッションカラーのリタッチ」のテクニックでリタッチすると、頭の体温の関係で、根元のほうが明るくなりやすい。そのため2回（2タッチ）に分けて新生部を塗布していく「2タッチ・リタッチ」が必要となる。

■ Before

根元の新生部は5センチ。既染部は9レベルの状態を想定。

■ Sectioning

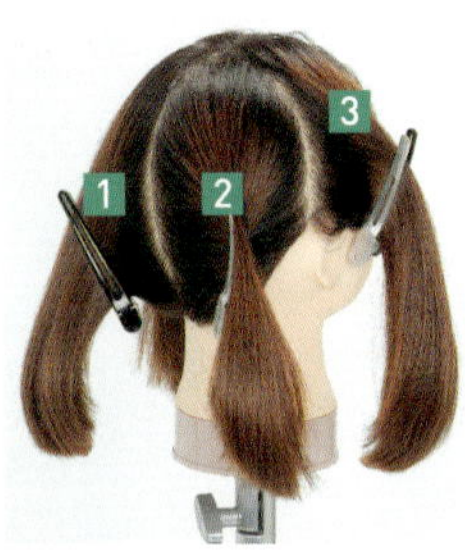

バックセンター、イア・トゥ・イアで分ける基本の4セクション(P.28参照)を取る。

■スライス線と塗布手順

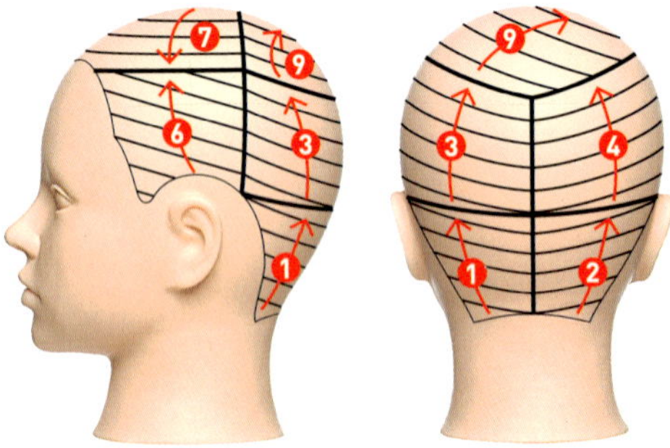

P.29のパターンDのスライスを取る。

■ Technique

01 セクション1から、斜めスライス、オンベースで引き出す。根元1.5センチを空けて、ディバイディングラインまで塗布。

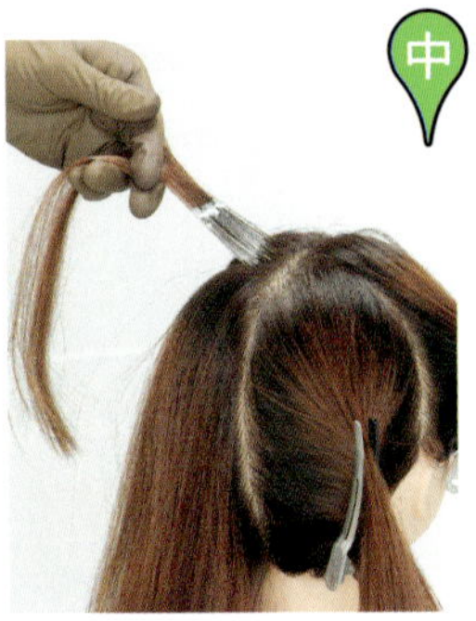

02 既染部にはみ出ないように、このようにきちっとディバイディングラインまでで留めることが大切。

03 裏側も同様に、パネルをオンベースで引き出し、ディバイディングラインまで塗布。

04 この要領で下に向かって進み、ネープまで塗布していく。逆サイドも同様に塗っていく。

05 セクション3～4を塗布していく。トップはスライス幅が広いので、真ん中、奥、手前の3段階に分けて塗布。

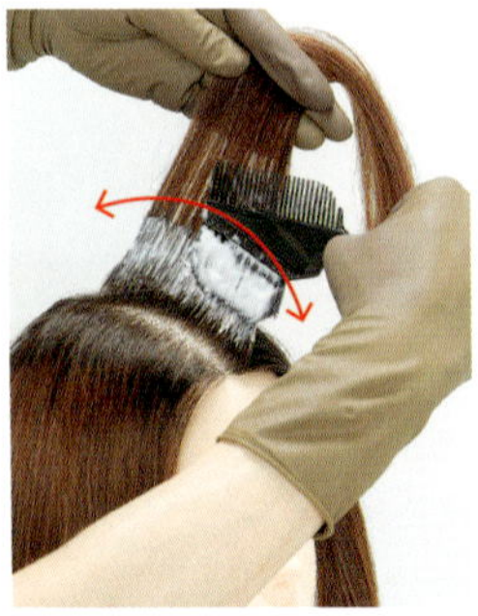

06 このとき直線ではなく頭の丸みに沿わせたラウンドを意識して塗っていくことがコツ。

07 このように少しだけラウンドラインになるように塗布していく。

08 根元1.5センチ空けて、中間部を塗り終えた状態。

［タイムの目安］
塗り始めから塗り終わりまで

20分

09 次にネープから前上がりスライスを取り、残しておいた、根元側の新生部1.5センチに塗布していく。

10 P.28の9セクションをイメージして、P29のパターンDのスライスで塗布していく。塗布量は少なめ。

11 このように**01**〜**08**までの塗布部分とつなげる。

12 バックの上ブロック（セクション3〜4）も同様に前上がりスライスを取る。

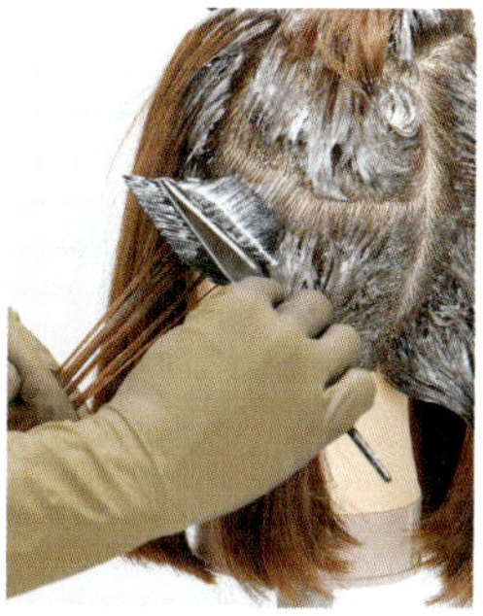

13 ここも**10**と同様に根元1.5センチを塗布。

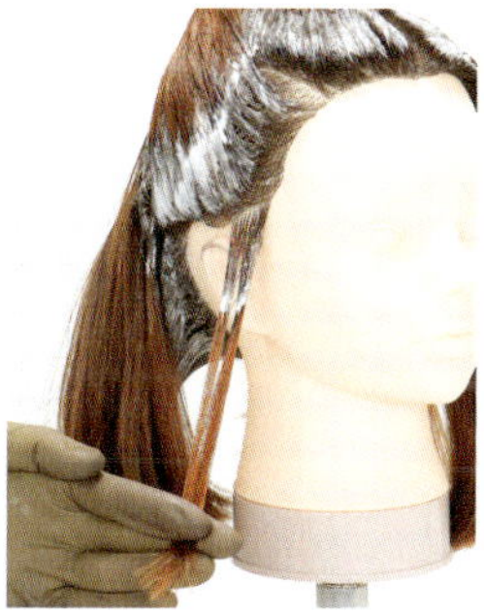

14 もみあげ部分も前上がりスライスを取る。

15 ここの塗布量は「少」で塗っていく。この要領で上に向かって進む。

16 逆サイドも同様に。

17 全体の根元リタッチ終了。

18 クロスチェックをする。ネープから逆の斜めスライスを取る（P.29のE参照）。

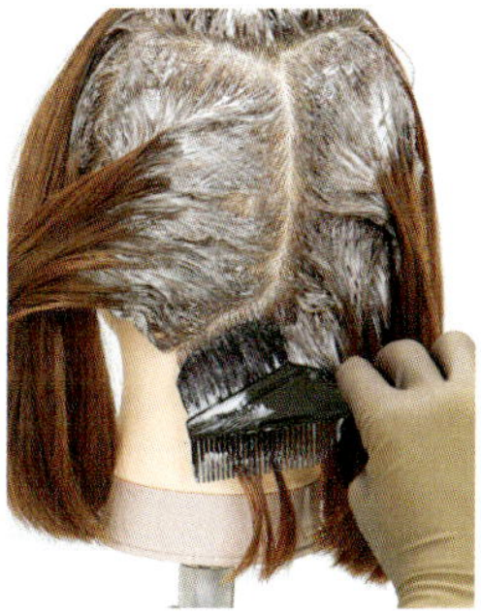

19 ファッションカラーは体温の影響を受けやすいので、根元に薬剤を溜めないように注意しながらクロスチェック。

20 下から上に向かって進む。ネープは浮かせながら、パネルを重ねていくようにする。塗り終わりはオールバックにする。

ワンメイクとリタッチ

[グレイカラーのワンメイク]

グレイカラーのワンメイクとは？

グレイカラー（白髪染め）のバージン毛を、一工程で根元から毛先まで、一色塗りしていくテクニックです。ファッションカラーのワンメイクとの大きな違いは、塗布手順。ファッションカラーは下から上へと塗っていきましたが、グレイカラーは上から下に向かう順番で塗布していきます。塗布量も多めです。

■ Before

白髪率30%のバージン毛を想定したワンレングス。

■ Sectioning

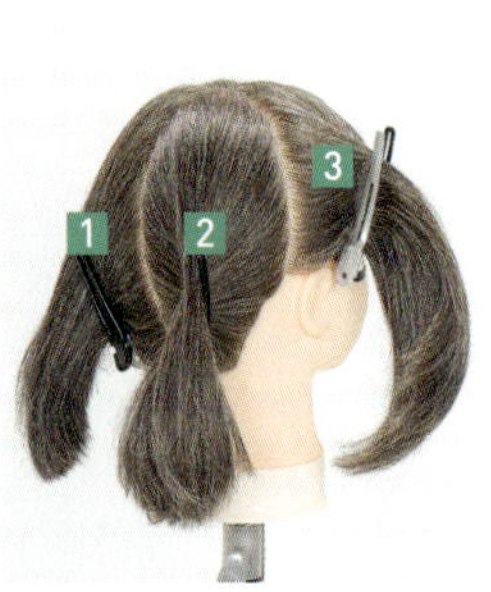

バックセンター、イア・トゥ・イアで分ける基本の4セクション（P.28参照）を取る。

■スライス線と塗布手順

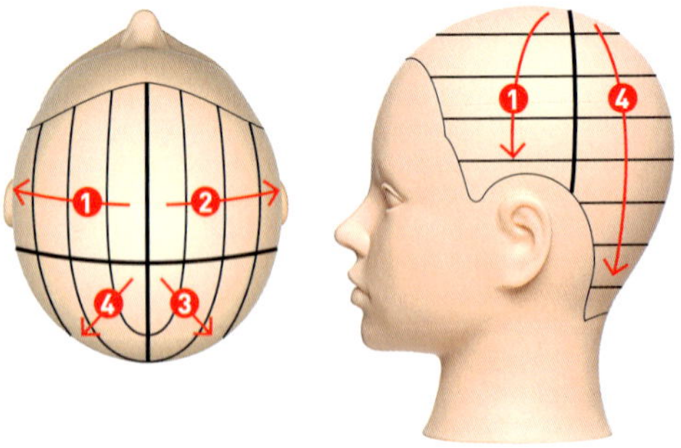

中間～毛先は、P.28のパターンA。根元はP.29のパターンCで塗布する。

■ Technique

01 セクション4のトップからスタート。パートに平行に、厚さ2センチのスライスを取る。

02 根元を1.5センチ空けて、中間部まで塗布。薬剤は多めで。

03 そのまま毛先までたっぷりと塗布する。

04 この要領で、パートに平行の横スライスを取り、上から下に向かって進んでいく。塗布量は多めのまま進行。

05 逆サイド（セクション3）も同様に、根元を1.5センチ空けて、中間~毛先まで塗布。

06 フロント～サイドの塗布終了。根元がつぶれないように、パネルはふんわりと重ねていくこと。

07 バックのセクション2に移る。バックもトップから横スライスで引き出し、根元を1.5センチ空けて塗布。

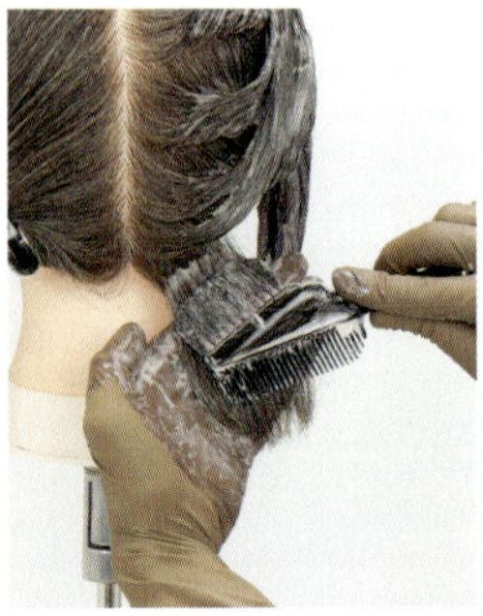

08 上から下に向かって同様に塗布していく。これはラストパネル。同様に塗布量は多めで。

［タイムの目安］
塗り始めから塗り終わりまで

25分

09 逆サイドも同様に、上から下に向かって塗布する。バックの塗布終了。

10 残しておいた根元側1.5センチを、フロントトップから塗布。パート際は、ハケを寝かせてパートをまたぐように薬剤を多めに置く。

11 2線目からはバイアスのスライスを取る（P.29パターンC参照）。

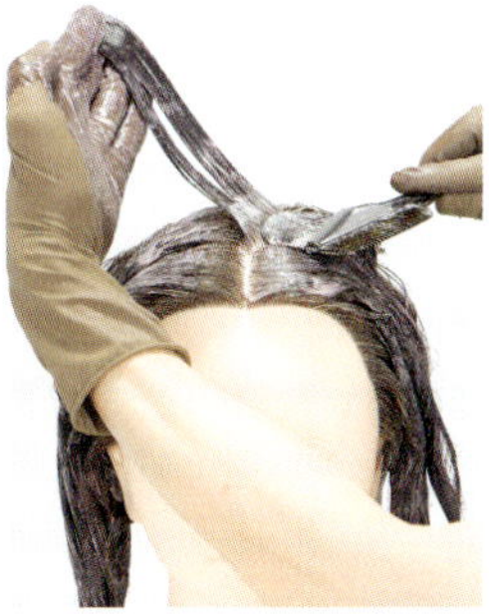

12 ここは裏表共に、多めの薬剤でしっかりと塗布。

13 顔周りは薄めのスライスを取り、塗り漏れがないようにする。特にもみあげは注意。

14 フロント~サイドの塗布終了。

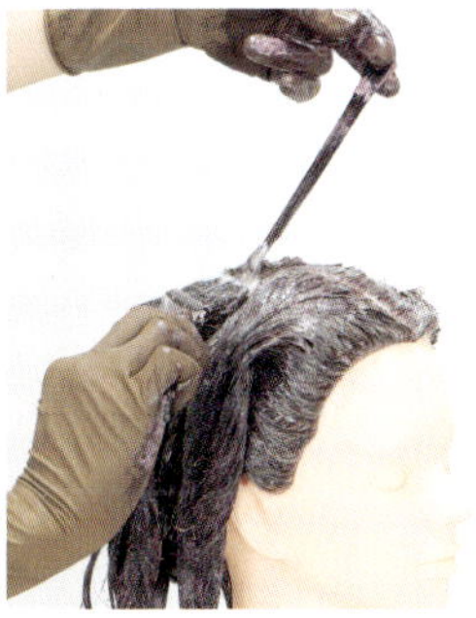

15 バックの根元を、トップから塗っていく。トップはスライスを薄めにして、塗り漏れがないようにする。

16 この要領で下に向かって進む。これはネープのラストパネル。

17 三つえり部分は塗り忘れしやすい。しっかり毛束を引き上げて、生え際から塗布していく。

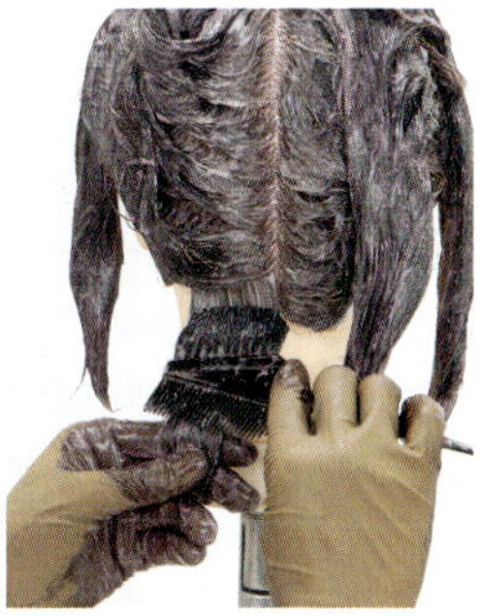

18 クロスチェックをしていく。ネープからやや前下がりのスライスを取り（P.29のパターンD）、クロスチェック。

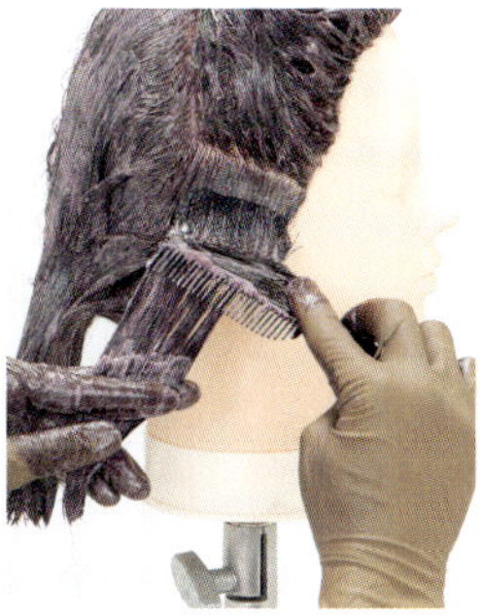

19 サイドもやや前下がりのスライスを取り、クロスチェックをする。

20 フロントは生え際からしっかり染まるようにチェックする。

21 耳上も生え際に塗り漏れがないように、髪を引き上げてチェック。

22 クロスチェック終了。

23 乾かずにしっかりと発色するように、生え際全体にペーパーを軽く貼る。

ワンメイクとリタッチ

[グレイカラーのリタッチ]

グレイカラーのリタッチとは？

グレイカラーの施術後、伸びてきた根元のみにグレイカラー剤を塗布し、既染部との色味を合わせるテクニック。ファッションカラー剤のリタッチとの違いは、白髪の目立ちやすい「前」や「上」、もしくは白髪が「密集している場所」からスタートすることと、多めの薬剤を塗布すること、などがある。

■ Before

根元1.5センチが新生部。パート際に密集していると想定。既染部は7レベルウォームブラウン系の状態。

■ Sectioning

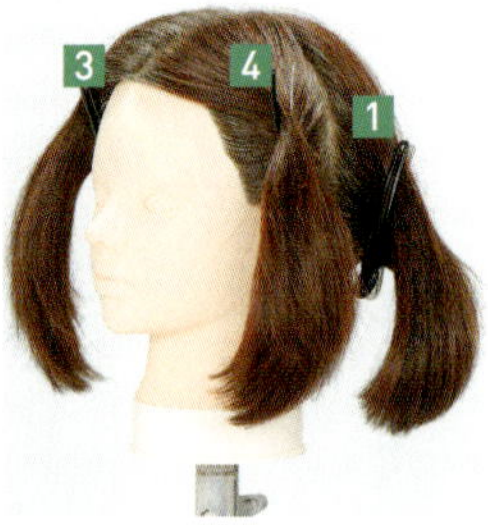

バックセンター、イア・トゥ・イアで分ける基本の4セクションを取る（P.28参照）。

■スライス線と塗布手順

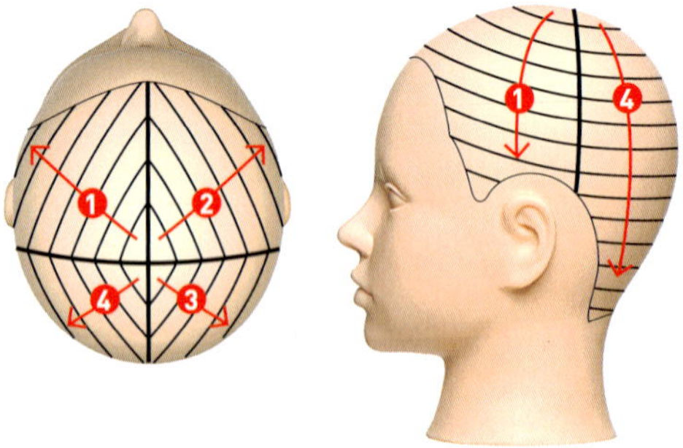

P.29のパターンCのスライスを取る。

■ Technique

01 パート際から。厚さ1センチのスライスで、パネルを反対側に引きつつ、多めの薬剤でディバイディングラインまで塗る。裏側も塗布。

02 このように根元はパートをまたいでしっかり塗布。

03 白髪をしっかりカバーしたい生え際は、塗り漏れがないようにスライスを薄め（5ミリ）に取り、同様に薬剤多めで塗る。

04 セクション4は、そのまま下に向かって進む。もみあげ部分も同様に、薄いスライスを取る。

05 逆サイドのセクション3も同様にパネルを引きつつ、パートをまたぎながら根元をしっかり塗布。

06 フロン部分の塗布終了。

07 バックのセクション2は斜めスライスを取り、同様にトップからスタート。

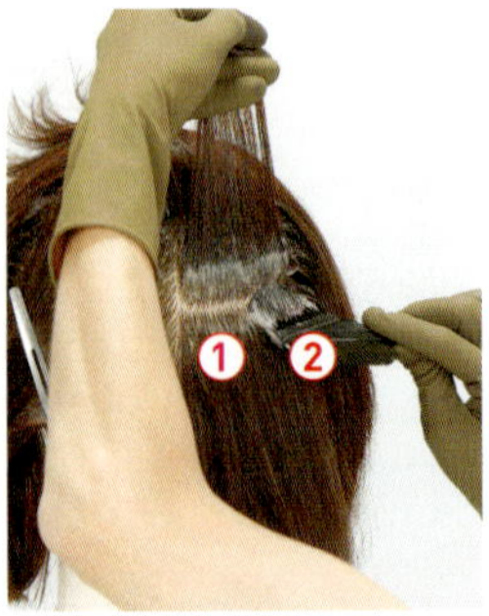

08 下に進むに従ってスライス幅が広くなるので、センター側、サイド側と2段階に分けて塗布していく。

［タイムの目安］
塗り始めから塗り終わりまで

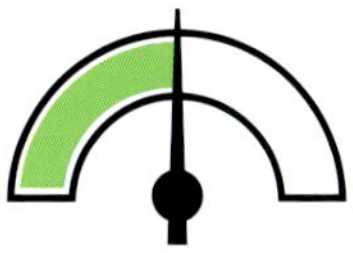

15分

09 ネープまで塗り終わったら、ヘムラインをもう一度塗布しておく。

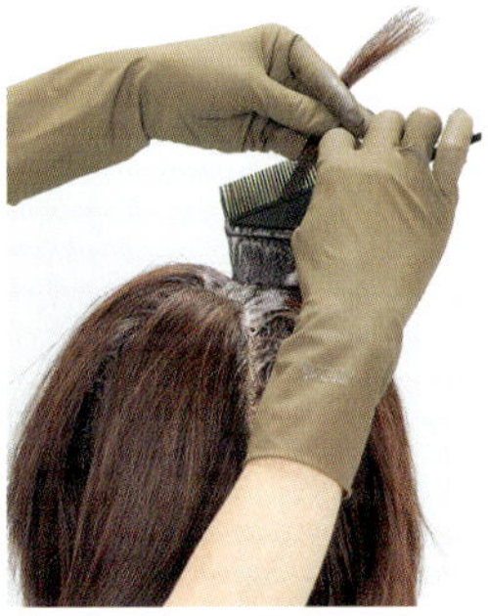

10 逆サイドのセクション1も同様に、トップからネープまで塗り進める。

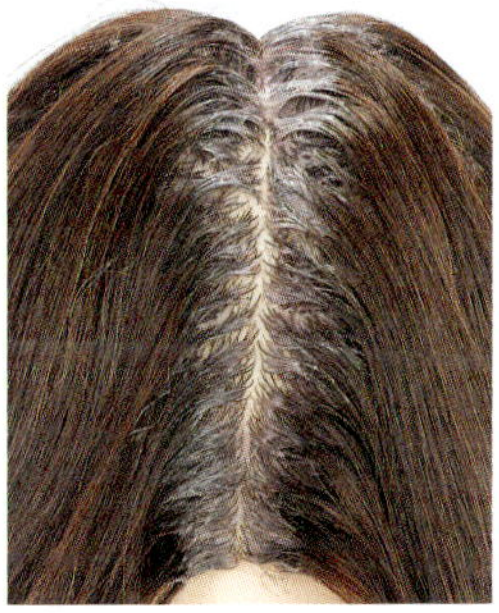

11 すべての根元の塗布が終了した状態。

12 クロスチェック。**01**〜**10**よりは少なめの薬剤で、ネープからやや前下がりのスライスで根元に塗布（P.29のパターンF参照）。

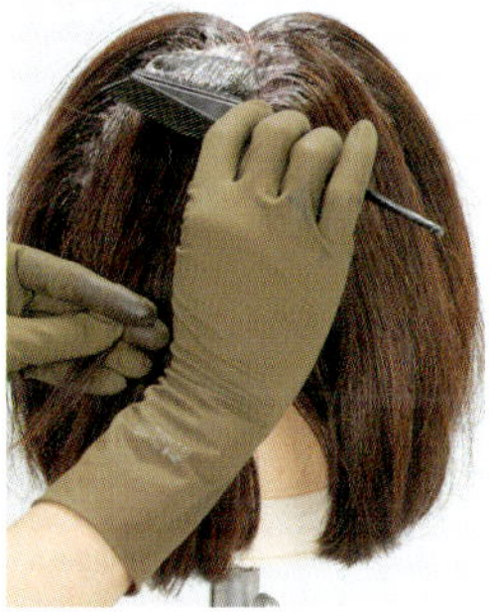

13 この要領で上に向かって進んでいく。これはトップのラストパネル。

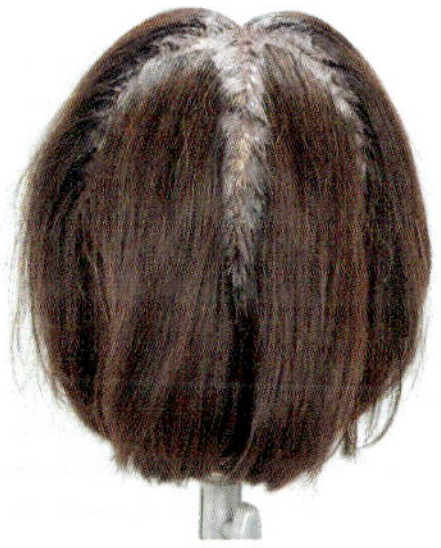

14 バックのチェック終了。セクショニングライン上は塗り残しがちなので、しっかりチェック。

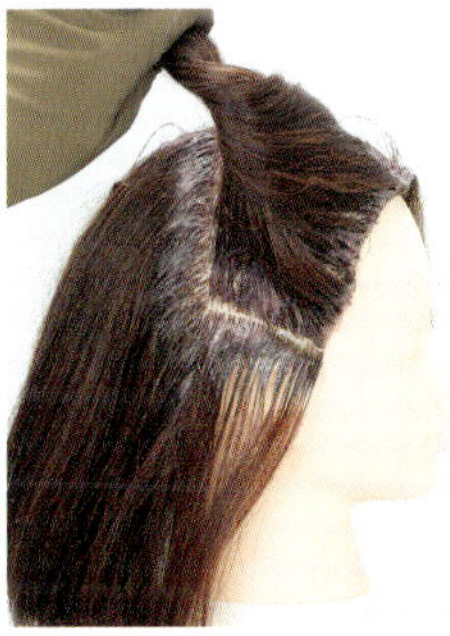

15 フロント〜サイドはやや前下がりのスライスのほうが、バックに引きやすい（顔から離しやすい）。

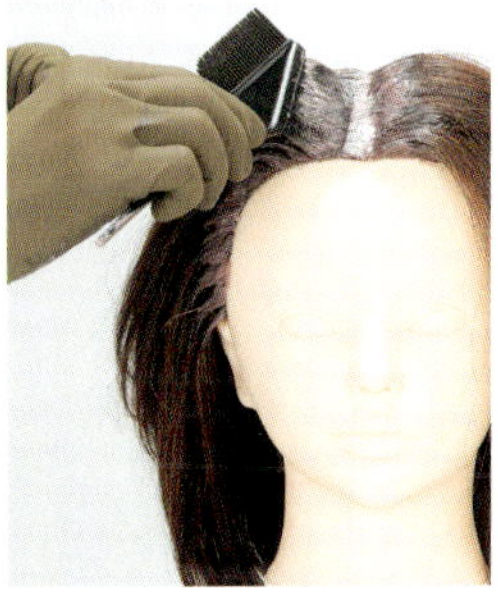

16 もみあげから上に向かって、パート際まで進んでいく。基本は白髪の多い部分をしっかり染めることが大切。

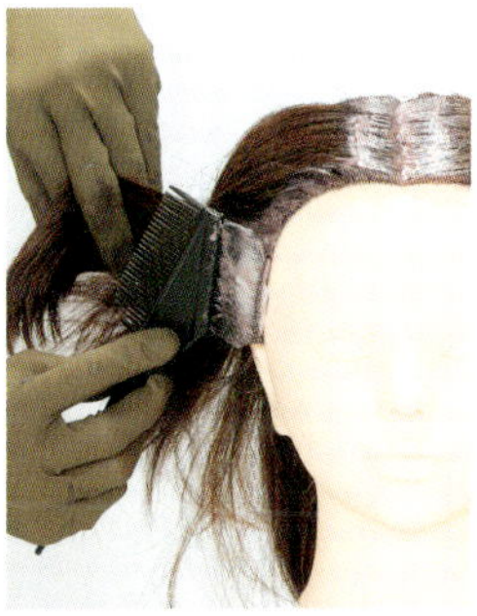

17 1回目よりは薬剤量を少なくして、もう一度生え際をチェック。

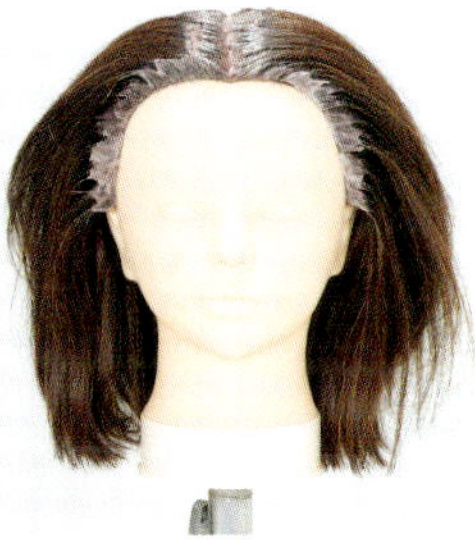

18 顔周りの生え際は、白髪が最も気になるところなので、塗り漏れがないようにする。

19 塗り漏れの多いもみあげは、毛束を引き上げて、もう一度裏側からのチェック。

20 乾かずにしっかりと発色するように、生え際全体にペーパーを軽く貼る。

[グレイヘアのヘアマニキュア]

グレイヘアの
ヘアマニキュアとは？

アルカリカラーと違って、ヘアマニキュアは酸性染毛料。主に毛髪表面をコーティングするカラリングです。リフト力がないので、全体を多めに均一に塗っていくことが基本。ただし頭皮に付着すると色が取れないので、新生部はコームを使って、根元から頭皮に薬剤をつけないための技法「ゼロテク」を使います。

■ Before

新生部は1.5センチ。既染部は5レベルのナチュラル系を想定したワンレングス。

■ Sectioning

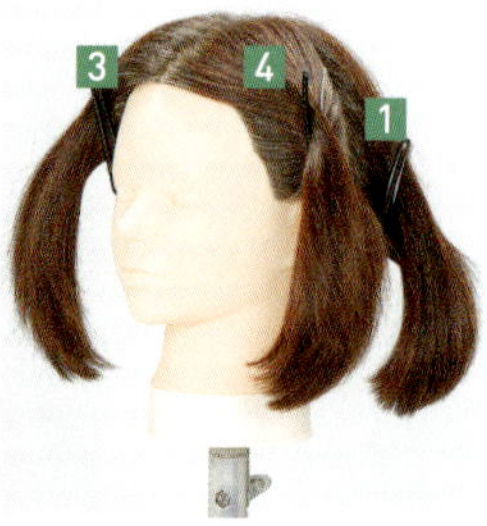

バックセンター、イア・トゥ・イアで分ける基本の4セクション(P.28参照)を取る。

■スライス線と塗布手順

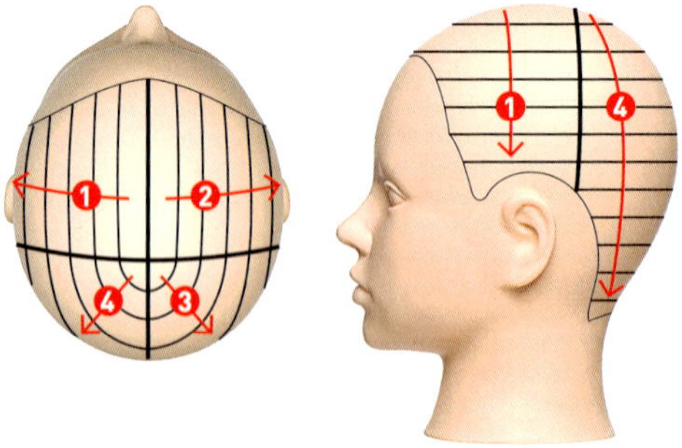

P.28のパターンAのスライスを取る。

■ Technique

01 根元から塗布するための技法としてゼロテクニック（以下ゼロテク）を使う。まずコームで薬剤を多めに取る。

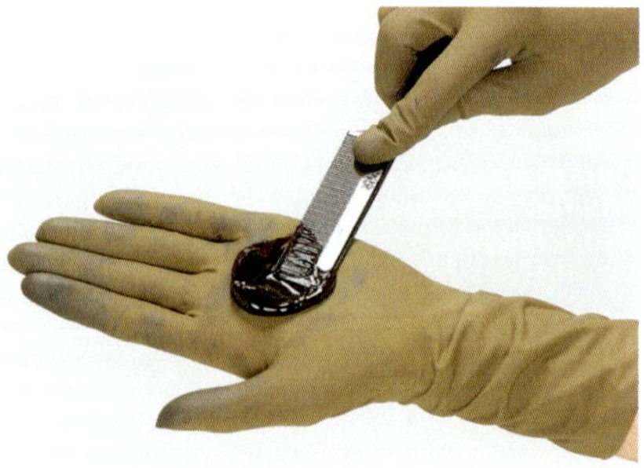

02 取った薬剤を手のひらに乗せる。

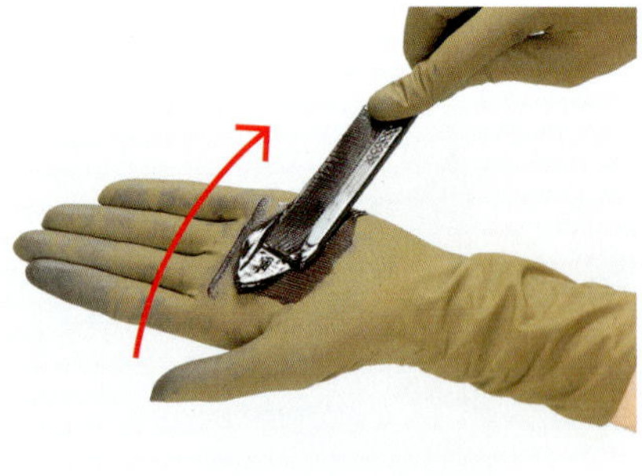

03 そのまま手のひらの上でコームの表裏面を滑らせ、コームの歯の中全体に薬剤を入れ込む。

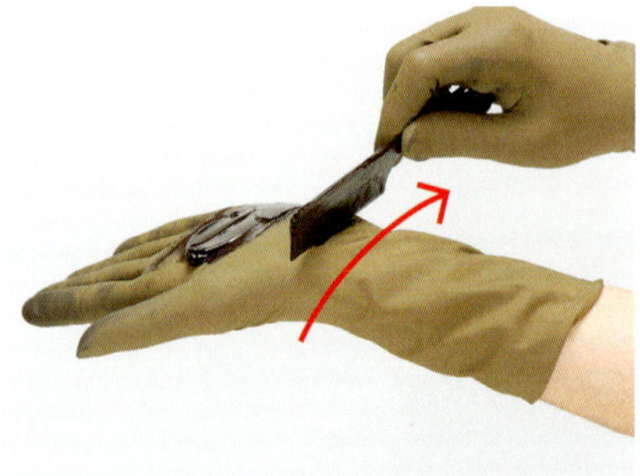

04 まんべんなく行き渡ったら、手首付近でコームの歯先にたまった薬剤をスライドさせて、しっかりこそぎ落とす(残っていると頭皮につく)。

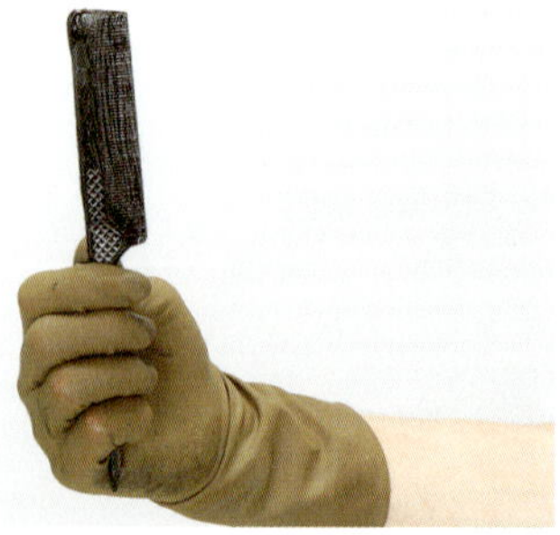

05 コームの歯全体に均一に薬剤が入り込み、歯先には残っていない状態になればOK。

［タイムの目安］
塗り始めから塗り終わりまで

30分

06 セミウエットの状態で、セクション4のトップのパートからスライスを取る。左手でテールの終着点を抑えると取りやすい。

07 手のひらの上の薬剤に毛がつかないように注意しながら、左手でパネルを引き、スライス線をはっきりと出す。

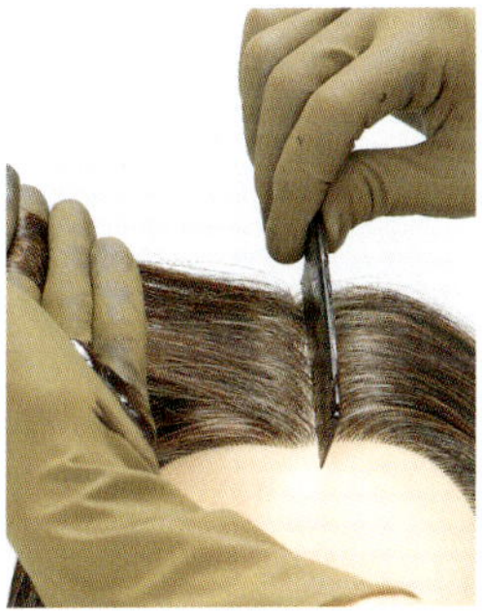

08 きっちりと分け取られたスライス線上に、薬剤の入ったコームを、地肌に直角に立てた状態で置く。

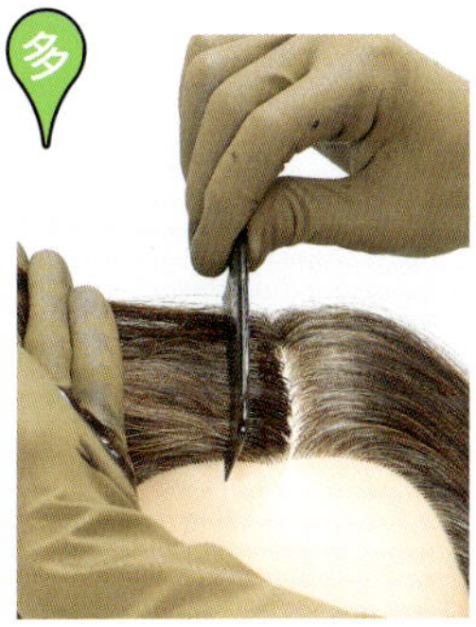

09 コームを立てたまま、毛流に逆らうように塗布。コームをしっかり持って、デバイディングラインできちっと留める。

10 これを頭の丸みに合わせたコーム移動で3回に分けて塗布し、1パネルを塗っていく。

11 下まで順次塗り終わったら、ここで顔周りの生え際を、お客様の顔にかからないようにチェックしておく。

12 バック（1と2）もトップから横スライスで。正中線上は塗り忘れしやすいので、センターライン上もオーバーラップさせる。

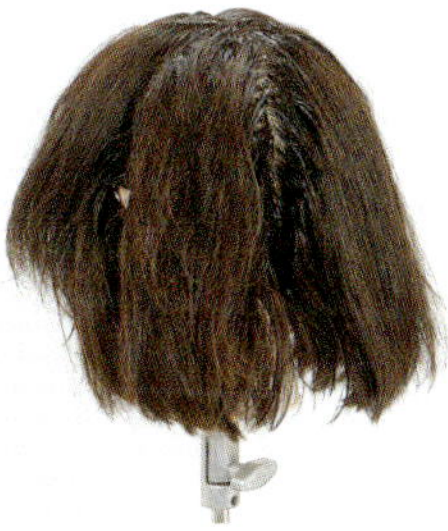

13 根元新生部の塗布終了。

14 クロスチェックは鋭角な斜めスライスを取って、順に下に向かって進んでいく（P.28パターンAのクロスチェック参照）。

15 耳周りは塗り忘れしやすいので、パネルをしっかり引き上げて、生え際から塗布。

16 次にパネルの裏側を、斜め45度スライスで、同様にコームを使ってチェックしていく。

17 こめかみなどは、このように（立ち位置ごと）顔側に回り込んで、頭の丸みに合わせて塗布することが大切。

18 立ち位置を顔側に回り込まないと、このように直線的にしか塗布できず塗布ムラになりやすいので注意。

19 中間から毛先はP.28のパターンAのすスライスを取り、ハケをつかって、多めの薬剤を塗布していく。

20 塗布が終わったら、ラップをふんわりとかけて放置。

ワンメイクとリタッチ

[ブリーチのワンメイク]

ブリーチのワンメイクとは？

ブリーチ剤で根元から毛先までを１色にリフトアップするテクニックです。ここではバージン毛を13レベルにブリーチ。手順はファッションカラー剤のワンメイクとほぼ同じですが、ファッションカラー剤よりさらに体温の影響を受けやすいので、施術にスピードが要求されます。

■ Before

４レベルの黒髪、バージン毛を想定したワンレングス。

■ Sectioning

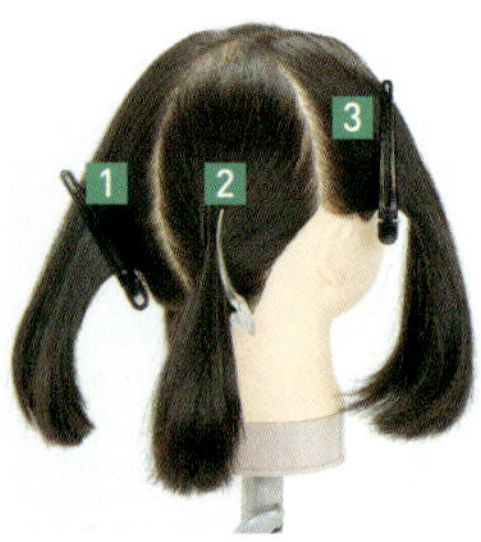

バックセンター、イア・トゥ・イアで分ける基本の４セクション(P.28参照)を取る。

■スライス線と塗布手順

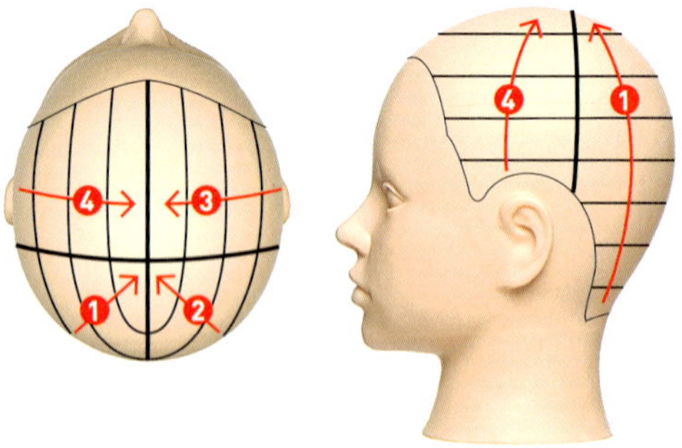

中間から毛先は、P.29のパターンBの、根元はP.29のパターンDのスライスを取る。

■ Technique

01 左後ろのネープから。厚さ２センチのスライスをオンベースで引き出し、根元1.5センチを空けた位置から薬剤を塗布。

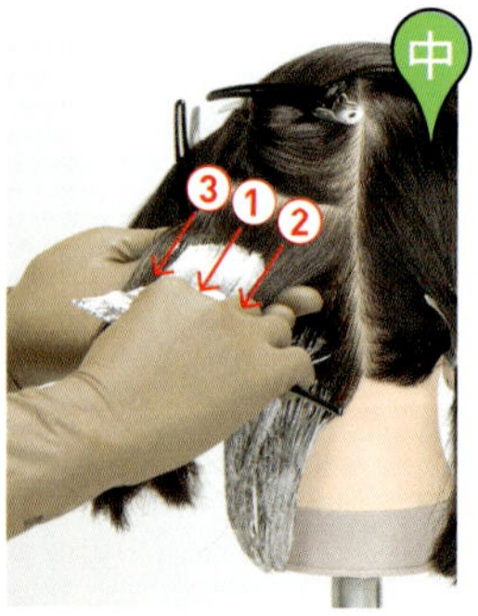

02 この要領で上に向かって進む。3パネル目からはスライス幅が広くなるので、真ん中、手前、奥と３分割して塗布する。

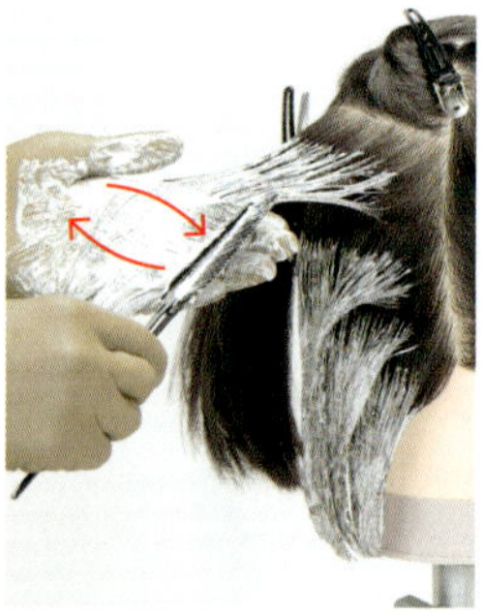

03 毛先はハケを左右にスライドさせて、裏面にまでしっかり塗布。

04 セクション 1 の中間〜毛先の塗り終わり。この要領で逆サイドのセクション 2 も塗布する。

05 セクション 3 も、厚さ2センチのスライスをオンベースで引き出し、根元1.5センチ空けた位置からスタート。上に向かって進む。

06 上のパネルはスライス幅が広くなるので、薬剤が均等につくように１パネルを３分割し、真ん中、手前、奥側の順で塗る。

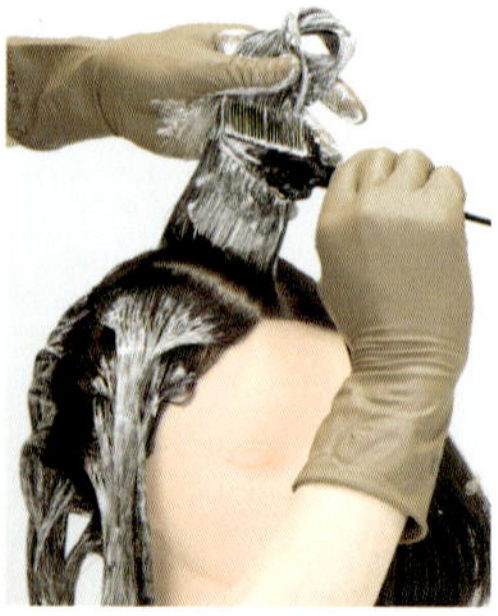

07 パネルをしっかり引き上げ、根元1センチ空けた位置から、裏側も毛先までまんべんなく塗布。

08 右フロントサイドの中間〜毛先の塗り終わり。逆サイドも同様に塗布して、中間〜毛先の塗布終了。

［タイムの目安］
塗り始めから塗り終わりまで

25分

09 ここからは9セクション（P.28参照）をイメージし、セクション**1**から根元を塗布。

10 そのまま上に向かって、前上がりスライス（P.29パターンD参照）で進む。

11 最後にパネルをしっかり引き上げて、生え際も塗り漏れがないように塗布。

12 セクション**3**も前上がりスライスで根元を塗布。

13 逆サイドも同様に行う。バックの根元の塗布の終了。セクショニングラインに塗り漏れがないように注意。

14 サイドをこめかみ位置で上下に分ける。アンダーはもみあげから前上がりスライスを取り、根元を塗っていく。

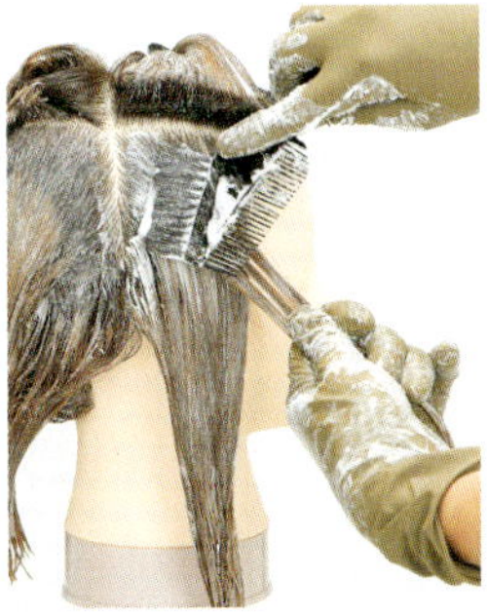

15 この要領で上に進む。これはアンダーのラストパネル。

16 トップはパートに平行の厚さ1センチのスライスを取り、パート際からスタート。ここは裏側も塗布する。

17 最後に残しておいたつむじ周りのセクション**9**は、スライスをセクショニングラインと平行に取る。

18 そのままフロント側に進む。これはラストパネル。

19 根元まで、全体の塗布終了。

20 クロスチェックに入る。ネープから前下がりスライス（P.29パターンE参照）を取り、再び塗布。上に向かって進む。

21 サイドは前下がりスライスで塗布。上に向かって進む。

22 ラストはトップセクションを3つまとめた部分と分けてチェック。

23 すべて横スライスでバックに向かって塗布。

ワンメイクとリタッチ

［ブリーチのリタッチ］

ブリーチのリタッチとは？

ブリーチ後の新生部は、ファッションカラーより目立ちやすいので、既染部としっかり明度を合わせたいもの。しかし体温の影響で薬剤反応が早いので、特にスピードが要求されます。ダメージを防ぐためにもオーバーラップさせることは極力控えて、素早く丁寧な施術を心がけましょう。

■ Before

根元新生部1.5センチ。既染部は13レベルのブリーチ毛を想定したワンレングス。

■ Sectioning

基本の9セクション（P.28参照）を取る。

■スライス線と塗布手順

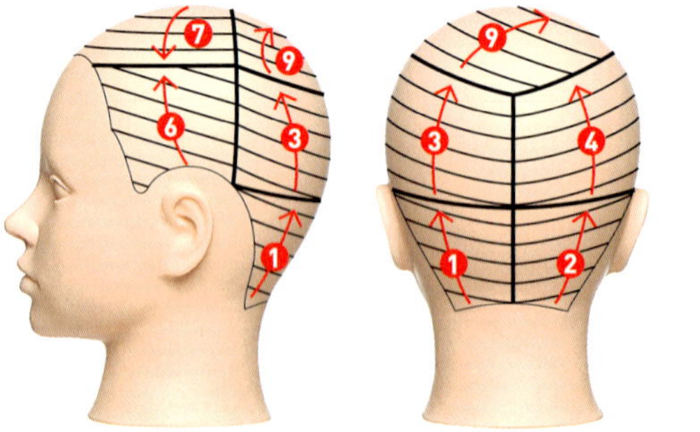

P.29のパターンDのスライスを取る。

■ Technique

01 バックのセクション1から、前上がりのスライスを取り、根元新生部1.5センチに塗布。

02 このようにディバイディングラインぴったりで止めることが大切。

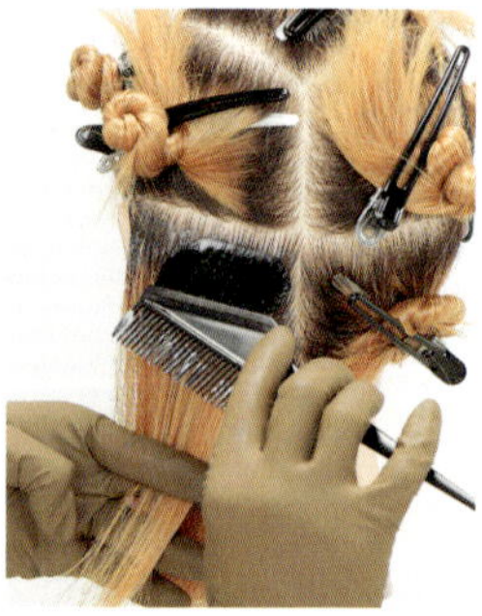

03 この要領で順次上に向かって、バックのセクション1と2を塗布していく。

04 ヘムライン際はパネルをしっかり引き上げて、生え際に塗り残しがないようにする。

05 バックのセクション1と2の塗り終わり。ディバイディングラインから極力オーバーラップしないように塗ることが大切。

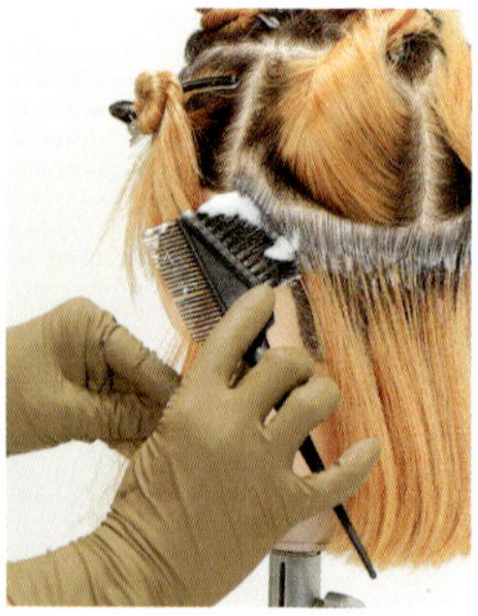

06 その上のバックのセクション3と4も、同様に前上がりスライスを取り、新生部のみ塗布していく。

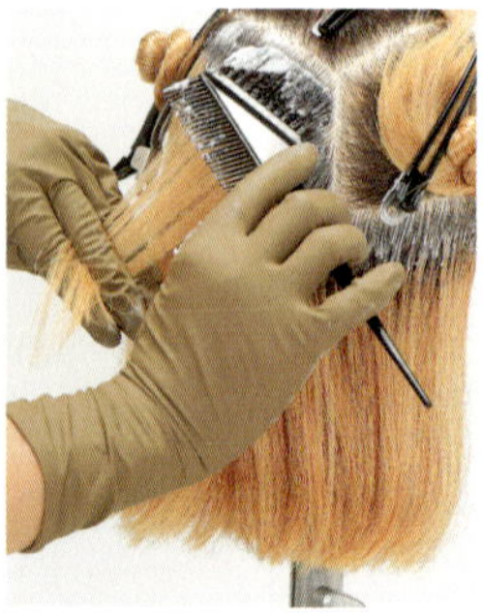

07 この要領で上に向かって塗布していく。

08 セクション3と4の塗布の終了。

［タイムの目安］
塗り始めから塗り終わりまで

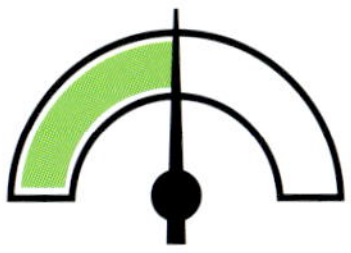

15分

09 フロント~サイドのセクション5はもみあげから。前上がりのスライスで新生毛部分のみ塗布。

10 その要領で上に向かって進む。これはラストパネル。逆サイド（セクション6）も同様に。

11 フロント~トップのセクション7に移る。パートから平行スライスで新生部塗っていく。両サイド同様に塗布。

12 フロント~サイドのセクション7と8が終了。

13 最後にトップバックのセクション9をセクショニングラインに平行の斜めスライスで取り、根元をリタッチ。

14 この要領で、上に向かってトップまで進む。

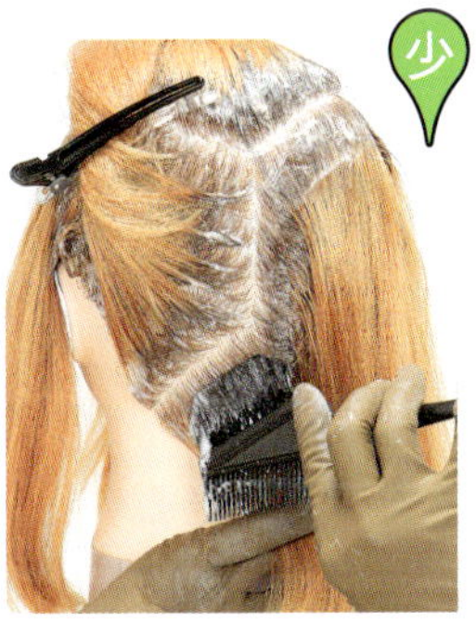

15 クロスチェックをしていく。バックは根元塗布とは逆の前下がりスライス（P.29パターンE参照）を取り、根元をチェック。

16 サイドも同様に。セクショニングライン上は塗り漏れしやすいので再度チェック。

17 ハチ上はひとまとめにして分けておく。

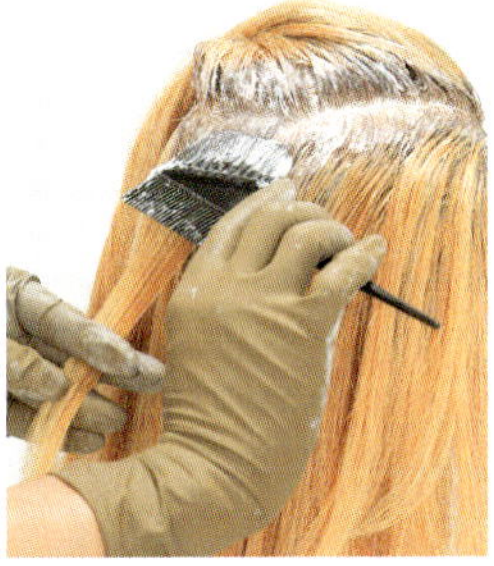

18 セクション9は横スライスで根元をチェック。

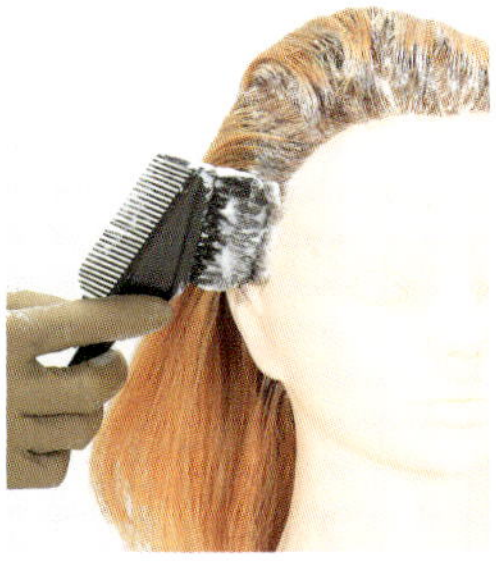

19 目立ちやすいフェイスラインの生え際、耳周りにも再塗布。

20 全体の塗布終了。

ウィービングとスライシング

髪に様々な陰影を作り出し、立体感やツヤ感などを表現する「ウィービング」と「スライシング」は、ホイルワークのもっとも代表的なテクニック。まずは、毛束を縫うようにすくい上げていく「ウィービング」と、薄いスライスで塗布していく「スライシング」の基本テクニックをマスターしましょう。

| フルヘッドのウィービング |

>>>P.52 ウィービングの基本テク
>>>P.54 フルヘッドのウィービング
>>>P.58 ウィービングのリタッチ

| ウィービング + ワンメイク |

>>>P.59 ウィービング + ワンメイク（トーンアップ）
>>>P.62 ウィービング + ワンメイク（トーンダウン）

| ハーフヘッドのウィービング |

>>>P.64 ハーフヘッドのウィービング

| フォワードのウィービング |

>>>P.65 フォワードのウィービング

| スライシング |

>>>P.66 スライシングの基本操作

ウィービングとスライシング

［ウィービングのセクショニングの基本形］

セクショニングとは？

塗布前に頭をいくつかのセクションに分けることをセクショニング（またはブロッキング）と言います。塗布を的確でスピーディにするために、ワンメイクやリタッチ時にも行いますが、ホイルワークではさらにその正確性が重要となります。例えばフルウィービングのリタッチなど工程の多いホイルワークも、セクショニングが正確であれば、何度でも再現可能となるからです。

セクションの取り方とセクション番号

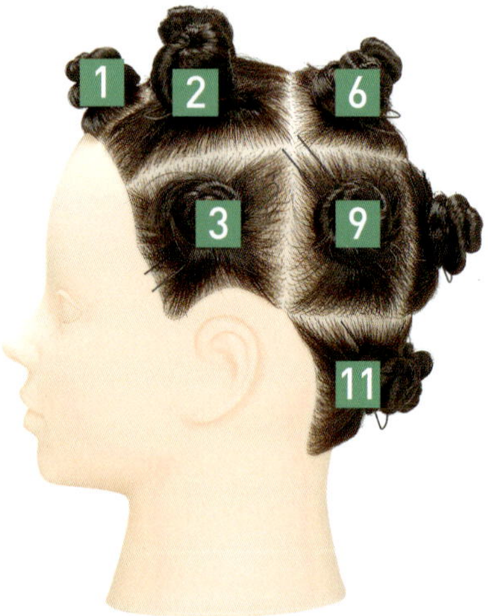

ウィービングを行うときに、最も基本となる12セクションです。球体である頭を12セクションに分割することで、平面の連続として考えることができるようになり、正確でスピーディな施術が可能になります。また指示も的確に行えます。これ以降のホイルワークのテクニック解説では、このセクション番号を用います。

1（フロントボックス）…センターパートを中心に、奥行3センチ、幅6センチで取る。

2 3 4 5（サイドセクション）…両サイドをイア・トゥ・イアで分け取り、上下に2等分する。

6 7（トライアングルセクション）…トップをセンターで分け、トップから左右を三角形にセクショニング。

8 9 10（スリークォーターセクション）…ミドルセクションを3等分にし、8をセンター、9 10はイア・トゥ・イアにつなげる。

11 12（ネープセクション）センターで左右に2等分する。セクショニング全体の目安時間は5分。

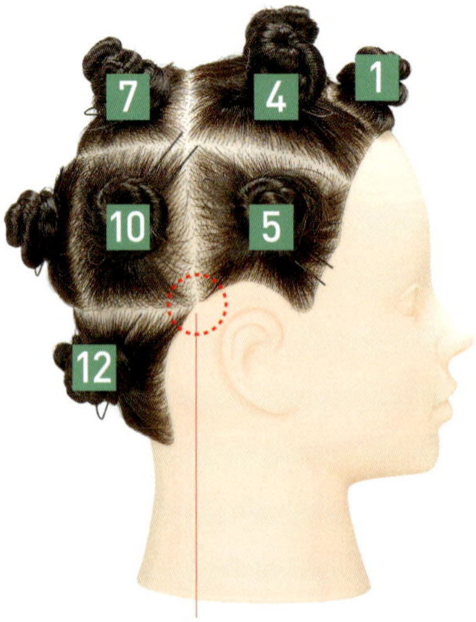

この位置でセクションラインが交わることが大切

分け取ったセクションは、このように毛束を小さくまとめて、セクション内からはみ出さないようにしておくと、施術がしやすくなります（まとめ方はP.51参照）。

『新ヘアカラー入門』訂正とお詫び

本書 P.51「塗布の順番」において下記のとおり、番号に誤りがございました。
内容を訂正すると共に、読者の皆様と関係者の皆様ご迷惑をおかけしたことを、深くお詫び申し上げます。

誤

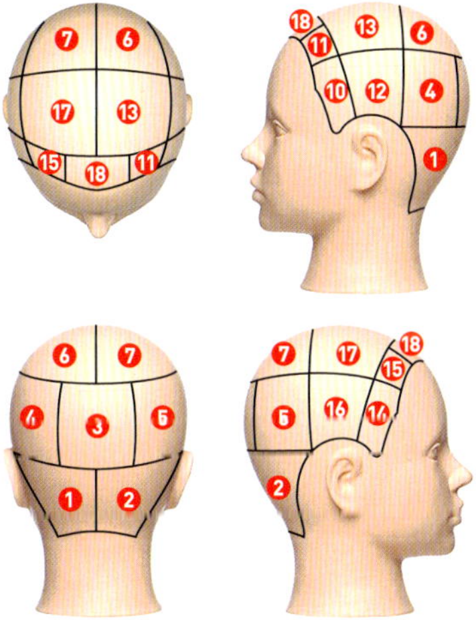

正

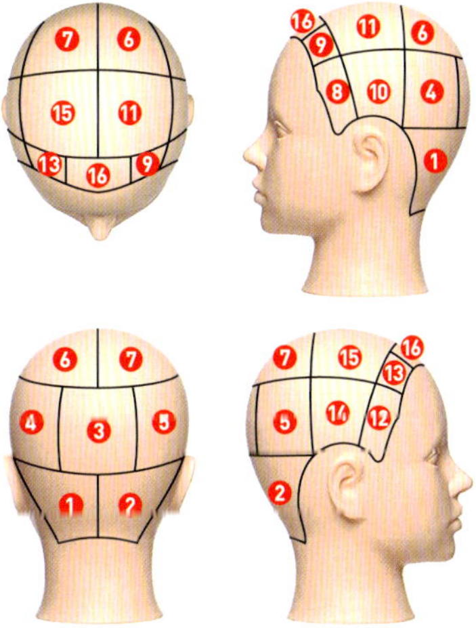

塗布の順番

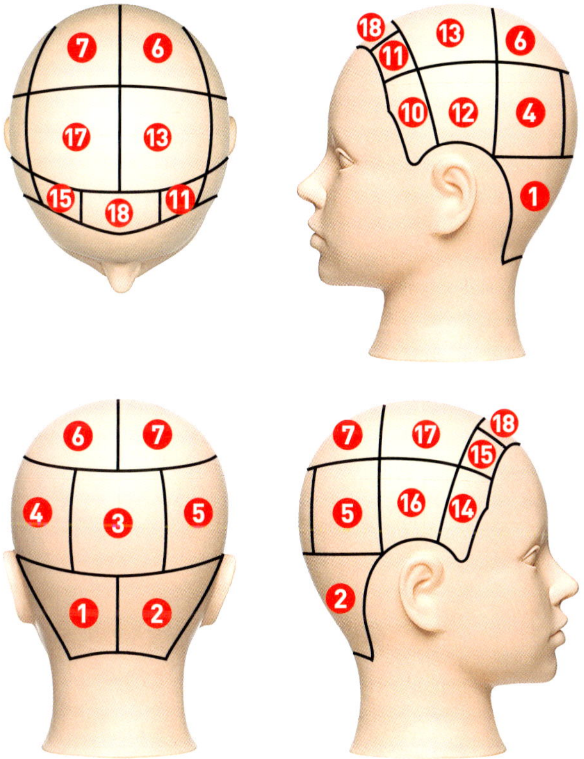

こちらはウィービングにおける塗布の、基本的な順番を示しています。塗布の順番を理解することで、効率よく全頭にウィービングを配置することができます。規則性を理解することで、正確でスピーディなウィービングの基礎がマスターできます。セクション番号とは順番が異なるので注意して下さい。

スライスの取り方とカバーリング

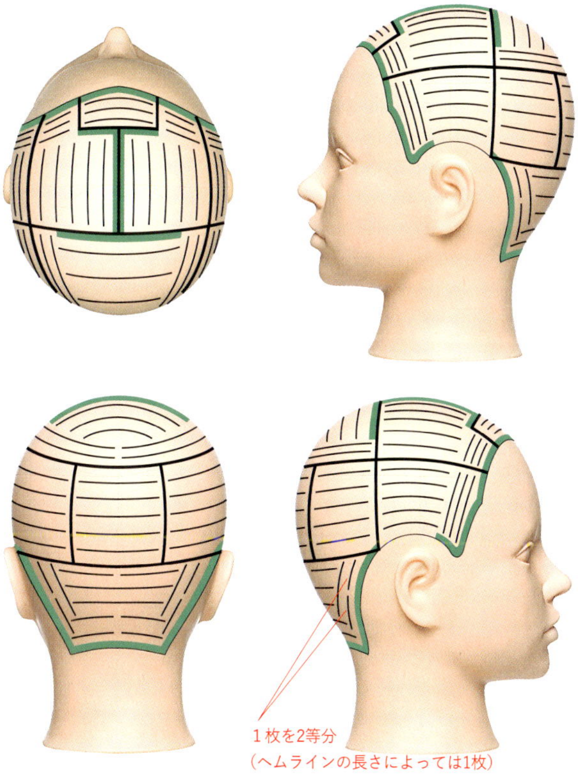

フルヘッドのウィービングを前提にセクショニングした、セクション内のスライスの取り方の基本です（ただしベースのカットやデザインによってこれは変動します）。緑のラインはカバーリングする場所です。表面にウィービングが出過ぎることを防ぐため、このラインはウィービングをせずに残しておくことで、全体が自然な仕上がりになります。

セクションのとめ方

01 素早く正確なセクショニングのために必要な、毛束のまとめ方。まずセクション内の毛束のステムを整えるようにコーミング。

02 根元から硬くねじり上げる。

03 根元の中心に向かって小さく丸める。残った毛先は、根元に隠れるように巻きつける。

04 毛先までまとめたら、オニピン（Uピン）を上から刺してから返すという、シニヨンをとめる要領で地に固定する。

05 このように、毛束がセクション内からはみ出さずに収まるようにまとめる（はみ出すと作業がしづらい）。

ウィービングとスライシング

[ウィービングの基本操作]

ウィービングとは？

分け取ったスライスから、ウィービングコームを用いて、意図した等間隔で縫うように毛束をすくい取り、そこに色を入れるテクニックがウィービングです。その入れ方によって、ワンメイクのように全体に色を入れなくても明るくしたり暗くしたり、色調を変化させることができますし、立体感や動きを強調させることもできます。ウィービングは使用する色だけでなく、すくい取る幅と深さ(チップ)と、その間隔(ピッチ)によって様々に変化します。

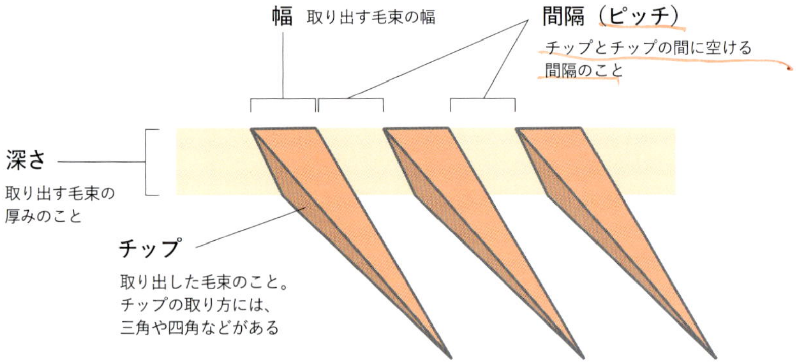

幅 取り出す毛束の幅
間隔（ピッチ）
チップとチップの間に空ける間隔のこと
深さ
取り出す毛束の厚みのこと
チップ
取り出した毛束のこと。チップの取り方には、三角や四角などがある

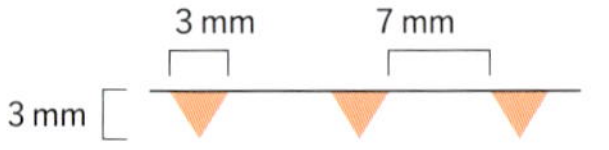

3 mm
7 mm
3 mm

JHCA では、
深さ＝3 mm、幅＝3 mm、間隔＝7 mm のように、
深さ、幅、間隔の順番で表記します。

基本の手順

Technique

01 ヘムラインとフェイスラインの1枚目は、厚さ5ミリのスライスを引き出す。(その他は厚さ1センチ)

02 コームのテールを根元にしっかり当て、意図する幅と間隔で、縫うように毛束(＝チップ)を取っていく。

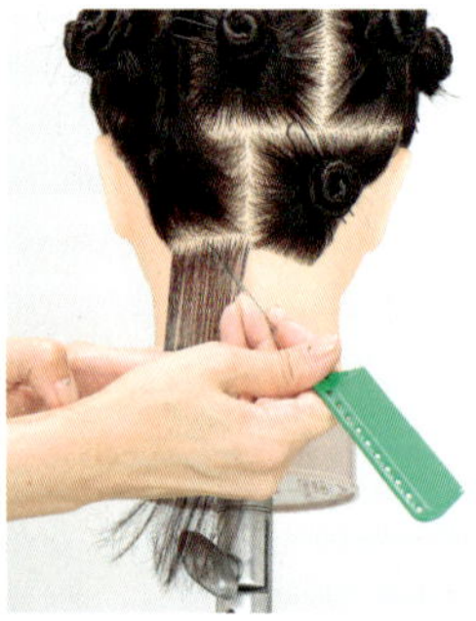

03 ここでは深さ3ミリ、幅3ミリのチップを取り、それを間隔7ミリで繰り返す。

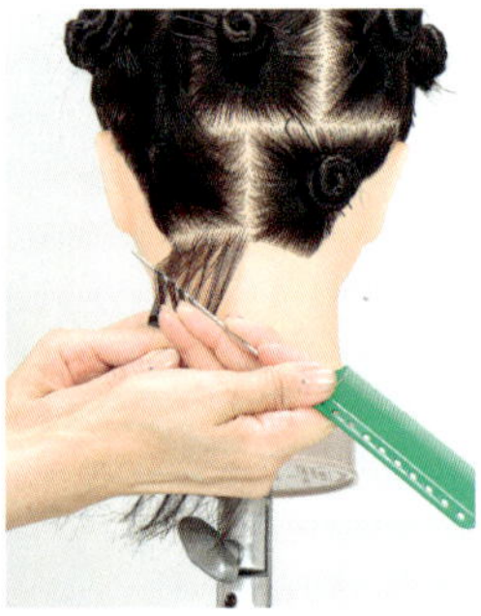

04 このとき、右手の小指を左手に乗せるようにすると操作が安定し、正確にチップを取ることができる。

05 取り出したチップの下にホイルを当てる。ホイルとチップがずれないように、チップを真ん中に集め、親指で抑える。

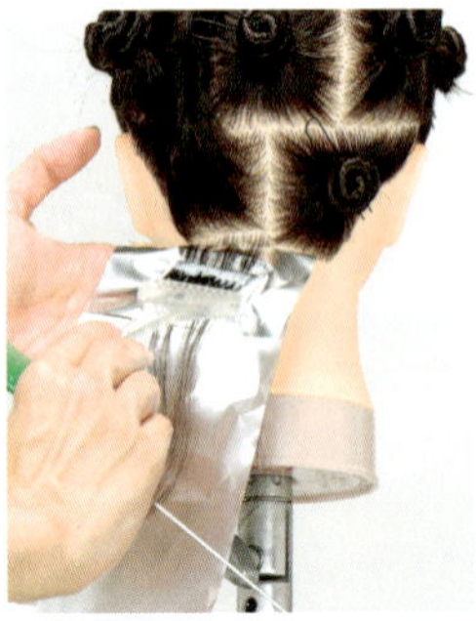

06 パネルをオンベースで持ち、まずは根元1～2センチ下から、塗布をスタート。ハケは寝かせて(30度)、塗布量は中。

07 次に毛先までまんべんなく塗っていく。毛先はハケを使い、ホイル下から5センチ上で丸めるように塗布。

08 次にハケを立て気味（60度）にして、根元ギリギリから塗布していく。パネルはオンベースをキープする。

09 まずホイルを半分に折り、さらに1/3を折り返す。パネルはオンベースのままに保つ。

10 チップの取り始めから、コームで折り目をつけながら折りたたむ。

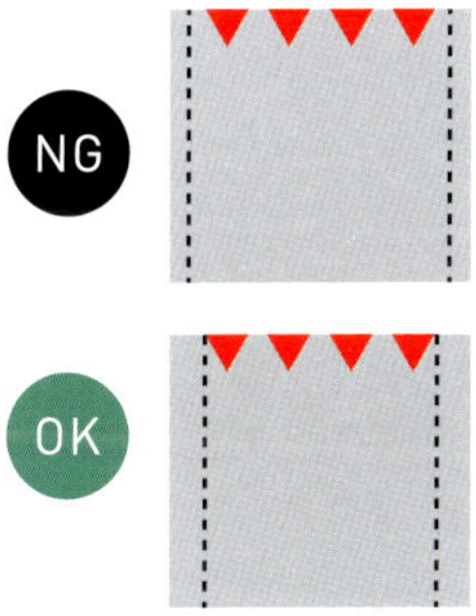

11 チップよりも外側でホイルを折りたたむと、根元がゆるくなり、ホイルがずれる原因になる。

12 根元側に、ベルト（下記参照）を巻く。このとき輪の方を根元側にあてるとフィットしやすい。また＋ワンメイクのときに、根元に薬がたまることを防ぐ。

13 ベルトを根元に巻いて、1パネルが完了（ベルトはなくても可能）。

ベルトの効果とは？

基本的にベルトはしてもしなくても問題はありませんが、ブリーチ剤で根元ぎりぎりからデザインしたり、ホイル＋ワンメイクのシングルプロセスのときなどには有効です。理由としては、

①ブリーチなどの薬剤の膨潤による「薬の漏れ」を防ぐ。
②ホイル＋ワンメイクのとき、ホイルの根元が緩むのを防ぐ。
③カラーシャンプー時に、水の浸入を防ぐ。

などが挙げられます。

ベルトの作り方

Technique

01 長さ20センチ程度のホイルを用意。内側に向かって、真ん中から2つに折る。

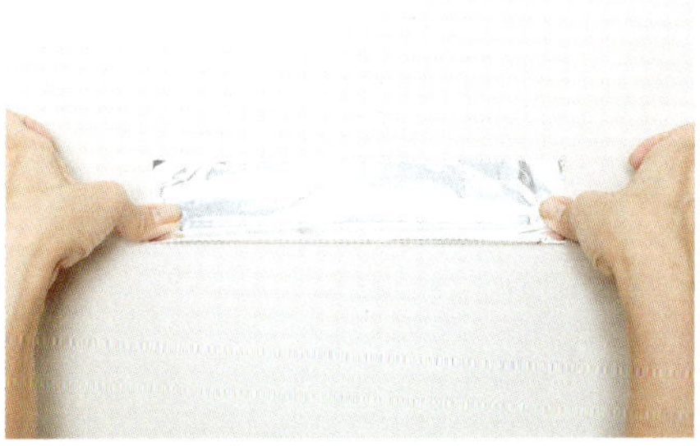

02 さらにもう1回、2つに折る。折るときは両サイドを引っ張って、テンションをかけながらにすると良い。ただし真ん中はつぶさない。

03 さらに折って4つ折りにする。片側が輪の状態になる。

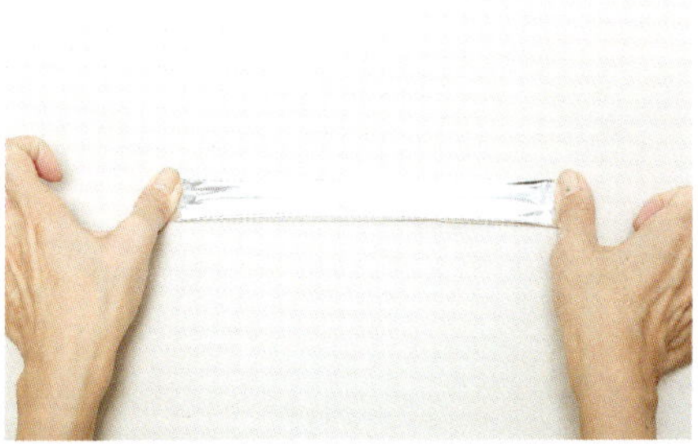

04 中にはゆるく空気を含ませたまま。

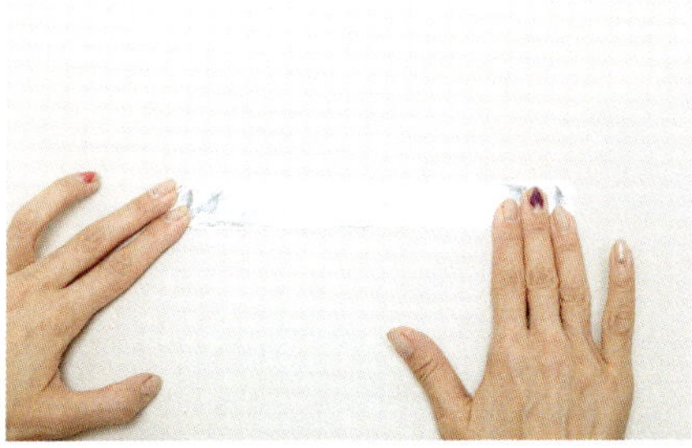

05 4つ折りにした状態。

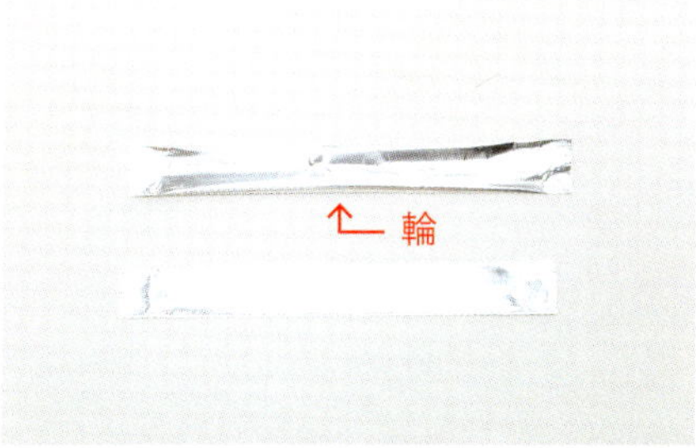

06 この段階のホイルは、上のように閉じを緩くしておく（下はピッタリ閉じているのでNG）。これは毛束に巻き付けたときに、きっちり締められるようにしておくため。

[フルヘッドのウィービング]

フルヘッドの
ウィービングとは？

全頭に細かいウィービングを施すテクニック。フルウィービングにすることで、どのようなスタイル、どこで分けても、自然なハイライトを表現することができます。ここでは深さ３ミリ、幅３ミリ、間隔７ミリのウィービングで、バージン毛に14レベルのナチュラルなハイライトを入れていきます。

■ Before

４レベルの黒髪、バージン毛を想定したミディアムレイヤー。サイドをバックに流すスタイル。

■ Sectioning

フルヘッドのウィービングのための基本の12セクションを取る（P.50参照）

■ Technique

01 P.50～51を参照に、12セクションにセクショニング。

02 セクショニングのスタートから終了までの時間の目安は５分。

03 セクション11から厚さ５ミリのスライスをオンベースで引き出し、ウィービング。下に残る２ミリ分がカバーリングとなる。

04 ホイルを入れたら、すくったチップを中央に集め、ずれないように左手で毛束にテンションをかけながら抑える。

05 根元１センチを空けて、薬剤（ここではブリーチ剤）を塗布。毛先まで塗っていく。ハケの角度は、中間～毛先は30度。

06 次に残しておいた根元を塗布する。ハケの角度は、根元は60度。

07 塗り終わったらコームを使ってホイルをたたむ（P.52～53参照）。

08 ホイルがずれないように、根元をベルトでとめる。角度はオンベースをキープする。

09 これで１パネルが終了（ここまでのテクはP.52～53の「基本の手順」参照）。

10 セクション11のヘムラインから、ヘムラインに平行な厚さ５ミリの縦スライスで、２線目を取る。

11 ただしここは幅が広いので、2段階に分けて塗布（ヘムラインの幅によっては1枚でも可）。

12 **03～09**と同様に、深さ3ミリ、幅3ミリ、間隔7ミリのウィービングを取っていく。このとき、ひじの角度はスライスと平行に。

13 スライス線に合わせてホイルを置く。

14 根元1センチを空けて、ハケを寝かせ気味にしながら、薬剤を塗布。

15 ハケは寝かせ気味のまま、毛先まで塗布する。

16 次に残しておいた根元1センチに薬剤を塗布。ハケの角度は縦気味にする。

17 2枚目のホイル終了。

18 同様にして、**10**のパネルの上側もオンベースで引き出す。ここは角度が狂いやすいので、立ち位置やフォームを意識して。

19 下側と同様に、深さ3ミリ、幅3ミリ、間隔7ミリのウィービング。

20 同様に塗布してホイリング。

21 この要領で、ネープのセクション**11**と**12**のヘムラインに沿うように、ホイルを8～10枚入れる。

22 セクション**11**～**12**のセンター部分は、厚さ1センチのスライスを、P.51の図を参照に取る。

23 チップとピッチは変わらずに深さ3ミリ、幅3ミリ、間隔7ミリのウィービング。

24 1線目はホイル1枚。

25 その上のラストパネルは幅が広いので、2分割してホイル2枚とする。

ウィービングとスライシング

[フルヘッドのウィービング]

▶▶▶ Technique

26 ミドルセクションは、3分割して、センターのセクション8から。再び厚さ1センチのスライスで引き出す。

27 同様に深さ3ミリ、幅3ミリ、間隔7ミリのウィービング。ホイルはオンベースをキープする。

28 この要領で、セクション8に5枚のホイルを入れる。

29 両サイドのセクション9と10も同様にウィービング。まずセクション9から。

30 続いてセクション10もホイリング。上のセクションはホイルを入れづらいので、しっかりオンベースに引き上げる。

31 セクション6はセクションラインと平行にスライスを取る。

32 同様に深さ3ミリ、幅3ミリ、間隔7ミリのウィービングを取り、薬剤を塗布。

33 5枚目は6と7を合流させたホイルを入れる。ここは頭頂部に向かって3枚入れる。

34 ラストは合流して、5枚目のホイルとなる。

35 このように、表面2ミリのカバーリングを頭頂部に残す。

36 7枚目の最後のパネルもオンベースで引き出し、しっかりテンションをかけてホイリング。

37 バックセクションのウィービング終了。ここまでの時間の目安は18分。

38 フェイスラインに平行の縦スライスで、厚さ5ミリのスライスを引き出し、深さ3ミリ、幅3ミリ、間隔7ミリのチップを取り、2ミリのカバーリングを残す。

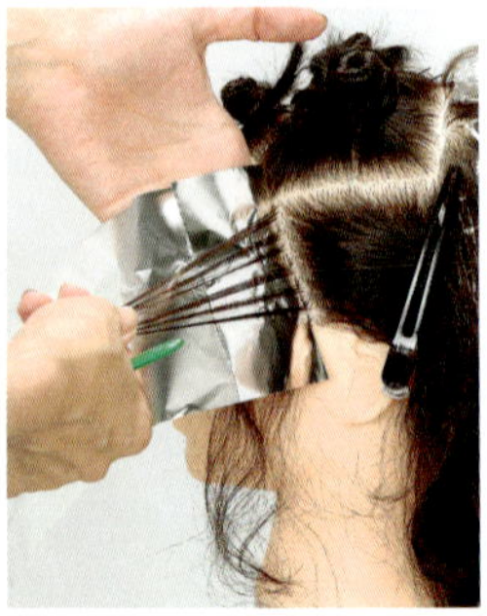

39 スライス線に合わせてホイルを当てる。角度がズレやすい部分なので注意。

40 同様にホイリング。

［タイムの目安］
塗り始めから塗り終わりまで

40分

41 2線目からは厚さ1センチのスライスで取る。この要領でフェイスラインは計6枚入れる。

42 厚さ1センチの横スライスを取って、ウィービング。

43 この要領で、順次上までホイルを入れていく。ホイルはすべてオンベースの収める。

44 逆サイドも同様に行う。セクション 4 と 2 が終了。

45 フロントボックス(バングの位置)のセクション 1 だけが残っている状態。

46 フロント1枚目は厚さ5ミリでスライスを取り、他と同様、深さ3ミリ、幅3ミリ、間隔7ミリでウィービング。ホイルを3枚入れる。

47 すべてのホイルを入れ終わったら、テールを使って、顔周りのホイルを上に折り上げ、お客様の顔にかからないようにする。

48 フルヘッドのウィービング終了。全頭でホイル71枚（通常は40分の施術で69枚以上のホイリングが目安）。

■ Foil On

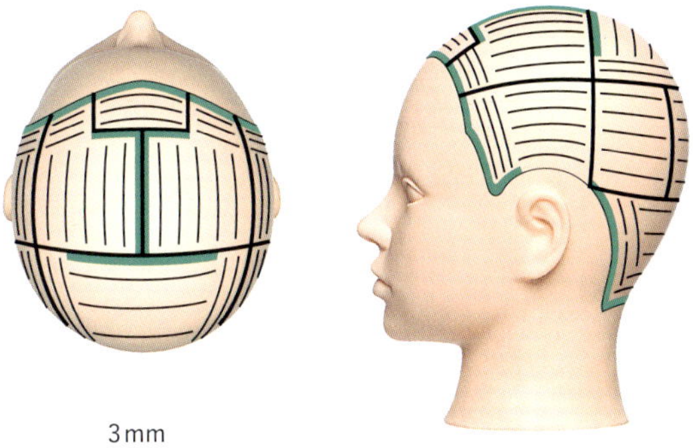

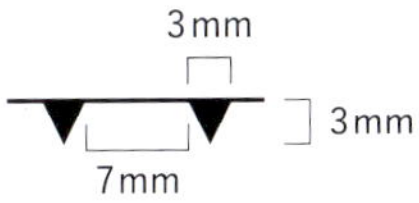

深さ＝3mm　幅＝3mm　間隔＝7mm

ウィービングとスライシング

[ウィービングのリタッチ]

[タイムの目安]
塗り始めから塗り終わりまで

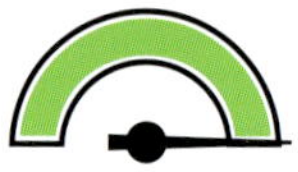

45分

ウィービングのリタッチとは？

P.54～57のような細かいフルウィービングは「リタッチできない」「伸びてきたら塗りつぶすしかない」などと思われがちですが、毎回、正確なセクショニングを取ることができれば、再び同じ位置にウィービングを入れることができます。ウィービング＋ワンメイクの場合も、考え方は同様です。

■ Before

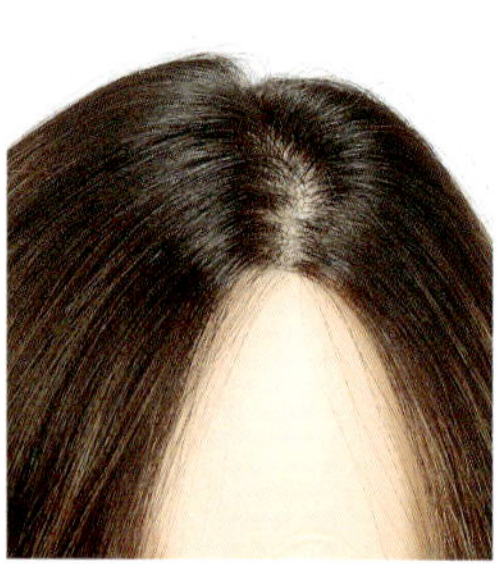

根元新生部が3センチ伸びている状態と想定。

■ Sectioning

P.50の「ウィービングのセクショニングの基本形」の、セクション11と12をはずしたセクションを取る。

■ Technique / リタッチのみ

01 まず厚さ1センチのスライスを取り、新生部の長さを確認した後、3ミリスライスで取り直す。

02 前回同様のウィービングを取る。ただしここは前回の80%をすくうイメージで（100%を狙うと取り過ぎになりやすい）。

03 根元にホイルを当て、伸びた新生部にのみ薬剤を塗布。ホイルはオンベースをキープ。

04 毛先に薬剤がつかないように、テールで毛先をはずす。

05 毛先はホイルの外に出る形で収まる。この要領で全体にホイルワークしていく。

■ Technique / リタッチ＋ワンメイク

01 厚ホイルをあてて、伸びた新生部にだけ薬剤を塗布。

02 次に既染部にトリートメントを塗布して、薬剤が既染部につかないように保護する。

03 トリートメントで保護した既染部のホイルを半分に折る。

04 このように、パネルの半分までを折りたたみ、薬剤とトリートメントが混じり合わないようにする。

05 さらにもう一度、折りたたむ。すべてのパネルを、この要領で塗布した後、ワンメイクを行っていく。

[ウィービング＋ワンメイク（トーンアップ）]

ウィービング＋ワンメイクのトーンアップとは？

ウィービングのホイルワークと、それ以外のワンメイク施術を同時に行うのが、ウィービング＋ワンメイクです。ただしワンメイク部分をトーンアップするか、トーンダウンにするかで、施術の手順が異なります。まずはトップのみ14レベルのウィービング+地毛から９レベルのワンメイクにトーンアップのテクニックです。

■ Before

４レベルの黒髪、バージン毛を想定したワンレングス。

■ Sectioning

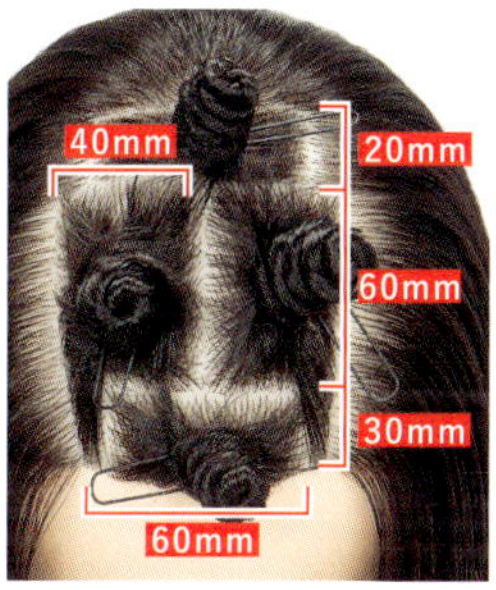

P. 48の「セクショニングの基本形」の、セクション1、4、2とつむじ周りで分け取る。

■ Technique

01 ここでは、ウィービングはトップセクションのみ。

02 ウィービングからスタート。バックから厚さ1センチのスライスを引き出す。

03 深さ３ミリ、幅３ミリ、間隔７ミリのウィービングでチップを取る。

04 根元までホイルを入れ、パネルをオンベースで持ったまま、薬剤（ここではブリーチ剤）を塗布する。

05 ホイルをたたみ、１枚目が終了。

06 バックの表面に、カバーリングの２ミリを分け取って残しておく。

07 バックセクションにはホイルが２枚入る。

08 サイドに移る。フェイスラインのヘムラインには、やはりカバーリングの２ミリを分け取る。

09 厚さ1センチのスライスを引き出し、深さ3ミリ、幅3ミリ、間隔7ミリのウィービングでチップを取る。

10 薬剤を塗布し、バックと同様にオンベースでホイリング。

ウィービングとスライシング

[ウィービング＋ワンメイク（トーンアップ）]

▶▶▶ Technique

11　この要領でトップに向かって進み、5枚のホイルを入れる。

12　逆サイドも同様に5枚入れる（両サイド共に、表面に2ミリのカバーリングを残す）。フロントボックスのみが残された状態。

13　フロントボックスも同様に、深さ3ミリ、幅3ミリ、間隔7ミリでウィービング。

14　フロントボックスの一番上は表面となる部分なので、2ミリのカバーリングを残す。

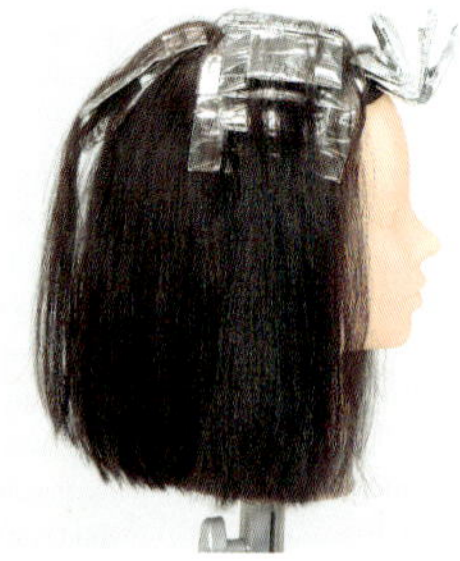

15　すべてのウィービングが終了。

■ Foil On

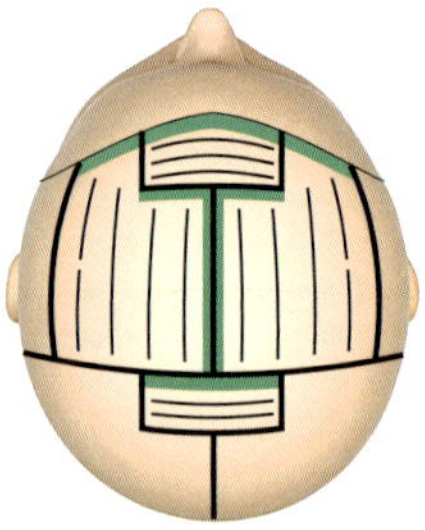

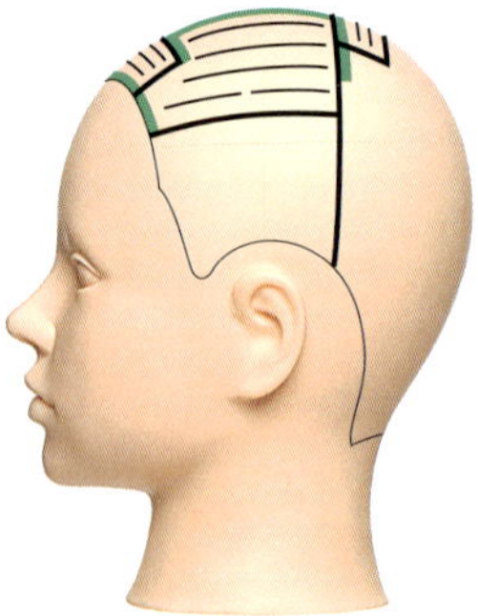

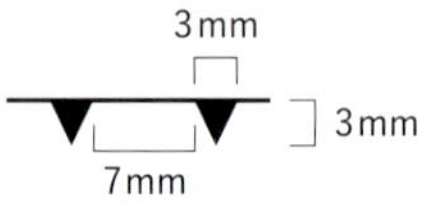

深さ＝3mm　幅＝3mm　間隔＝7mm

▶▶▶ One Make Technique

17　次に行うワンメイクの塗布のために、ホイリング部分をすべて上にあげて、シングルピンで優しく固定。

18　ホイリング以外の部分を4セクションに分ける。

［タイムの目安］
塗り始めから塗り終わりまで

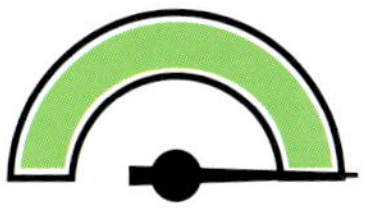

35分

19 中間～毛先はP.29のパターンBの手順で、多めの薬剤で中間から毛先に向かって塗布。

20 この要領で、すべてのセクションを上に向かって進む。パネルはすべて、オンベースをキープすること。

21 ホイリングしていないすべてのパネルを塗布し終わった状態。上を塗布するときは、コームをホイルにひっかけないように注意。

22 根元の塗布（上のパネルはダッカールで軽くとめておく）。3ミリスライスで取り出し、少なめの薬剤で、根元の表側を塗布する。

23 次に裏側からも同様に、根元に塗布。根元はP.29のパターンDの手順で塗布していく。

24 ネープ全体の塗り終わり。

25 その上のミドルセクションは、スライス幅が広くなるので、3分割して塗布。まず真ん中を塗布。

26 次に左側を塗布。

27 最後に右側も塗布。3分割することで、根元の塗布量を均一に保つ。この要領で上に向かって進む。

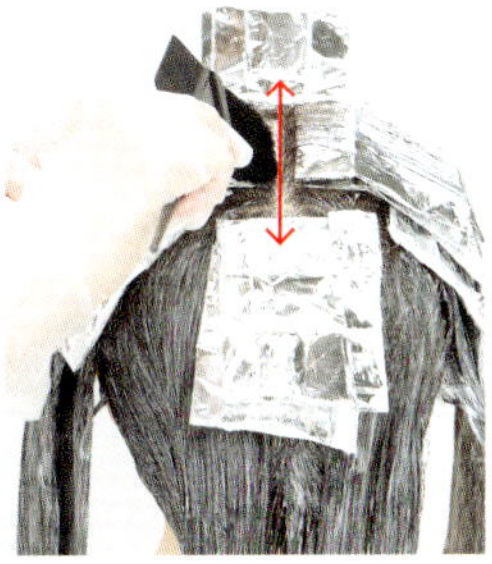

28 ホイルとホイルの間のパネルの根元は、ハケを横移動させて塗る。

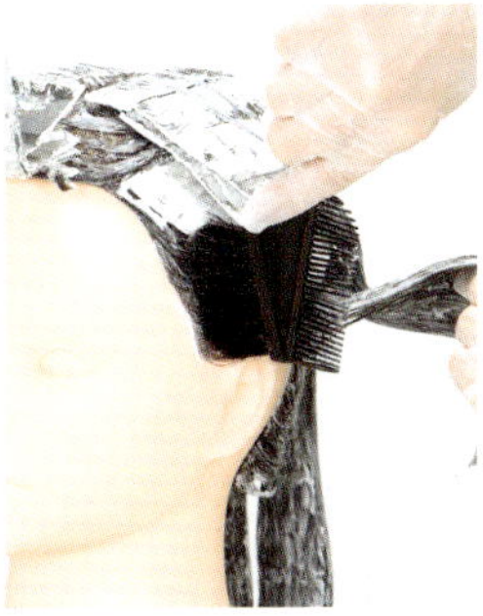

29 顔周りのもみあげ付近は塗り漏れが多いので、ホイルをよけて内側までしっかり塗布。

30 耳上も同様に塗り漏れが多い。最後にしっかり確認を。

31 塗布終了。タイムの目安はホイリングに10分、ワンメイクに20分。チェック5分。通常は自然放置30分。

ウィービングとスライシング

[ウィービング＋ワンメイク（トーンダウン）]

ウィービング＋ワンメイクのトーンダウンとは？

仕上がりは、P.59〜P.61の「トーンアップ」と一緒で、14レベルのナチュラルハイライト＋９レベルのワンメイクです。しかしこちらのBeforeは、既染部が12レベルと明るく、新生部が４レベル。これは髪を「トーンダウン」しながらのテクニックとなります。ホイルワークの工程は一緒ですが、ワンメイクは（1）根元→（2）中間~毛先、の順で行います。

■ Before

根元新生部は４レベルのセンチ。既生部は12レベルを想定したワンレングス。

■ Sectioning

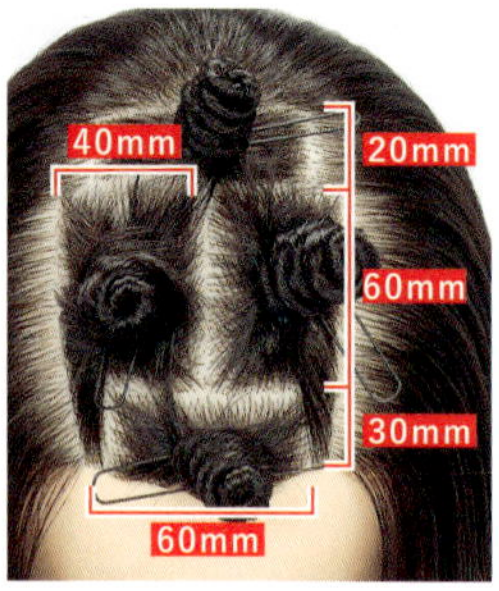

P.59の「トーンアップ」と同じセクショニングを取る。

■ Technique

01　バックから厚さ1センチでスライスを引き出し、ウィービングをスタート。深さ3ミリ、幅3ミリ、間隔7ミリでチップを取る。

02　パネルをオンベースで引き出したまま、ホイルを入れて、薬剤（ここではブリーチ剤）を塗布する。

03　１枚目のホイル終了。これ以降のウィービングはすべて同様に取る。

04　１枚目と２枚目のホイルの間は、表面に出る部分なので、２ミリのカバーリングを残す。バックは２枚のホイルを入れる。

05　フロントトップのセクションは、こめかみ部分に２ミリのカバーリングを残す。

06　セクションに平行の横スライスで、ウィービングをし、薬剤を塗布。

07　１枚目終了。

08　この要領で、フロントトップは５枚のホイルを入れる。逆サイドも同様に。フロントボックスだけが残っている状態となる。

09　フロントボックスもセクションに平行の横スライスで、厚さ１センチのスライスを引き出し、ウィービング。

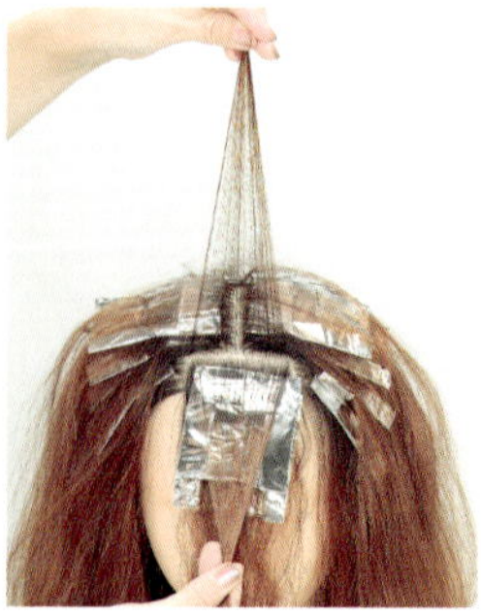

10　フロントボックスは３枚のホイルを入れる。フロントボックス１番上は表面になる部分なので、２ミリのカバーリングを残す。

［タイムの目安］

塗り始めから塗り終わりまで

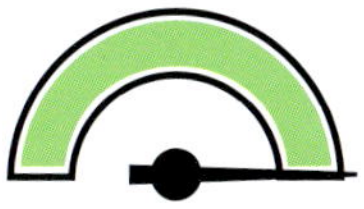

35分

■ Foil On

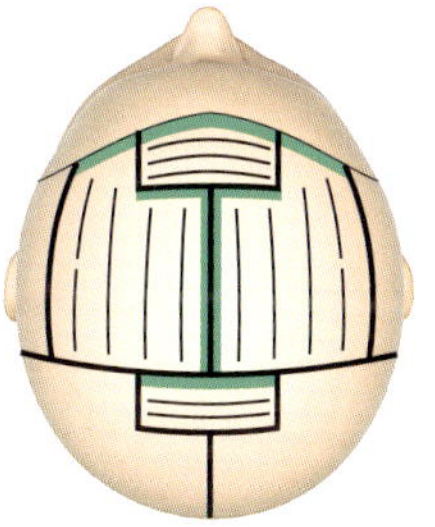

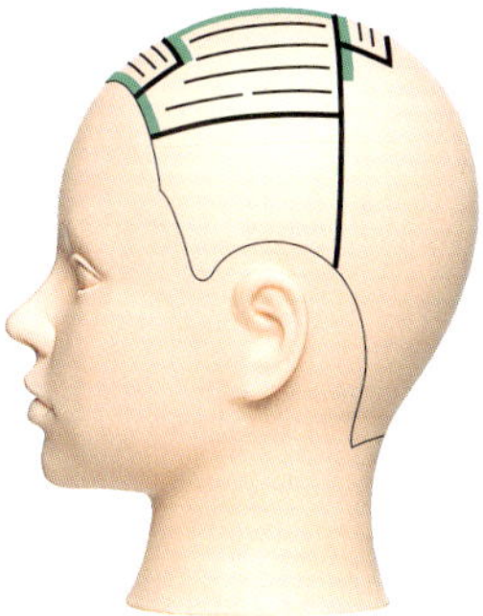

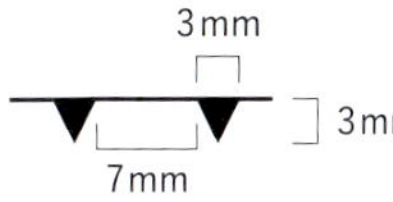

深さ＝3mm　幅＝3mm　間隔＝7mm

11　入れ終わったホイルをすべて上にあげたら、えり足から根元の塗布をスタート。根元はP.20のパターンDの手順で塗布。

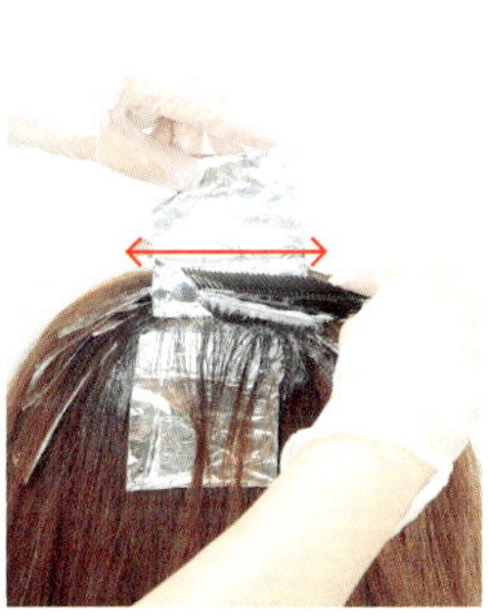

12　パネルとパネルの間の隙間は、ハケを歯ブラシのように小刻みに横移動させて塗ると良い。

13　パネルを持ち上げて、裏側からも根元をしっかりと塗布。

14　根元をすべて塗り終わった状態。

15　トーンダウンの場合、表面から塗っていく。パネルを引き出し、毛先5センチ空けて中間を塗布。塗布量は中～多め。

16　毛先を残し、中間部まで塗布した状態。パネルはすべてオンベースに収める。

17　再び薬剤を取り、毛先まで薬剤を伸ばす。塗布量は毛先のダメージに応じて中～少なめ。

ウィービングとスライシング

［ハーフヘッドのウィービング］

［タイムの目安］
塗り始めから塗り終わりまで

20分

ハーフヘッドのウィービングとは？

面構成のボブに行う、ハーフヘッドのウィービングです。面構成で動きを出さないスタイルは、顔周りのみのウィービングで充分表現できるので、オーバーセクションのみにホイルを入れる、ハーフヘッドのウィービングを施します。ここではバージン毛に14レベルのナチュラルなハイライトを入れていきます。

Before

4レベルの黒髪、バージン毛を想定したワンレングス。

Sectioning

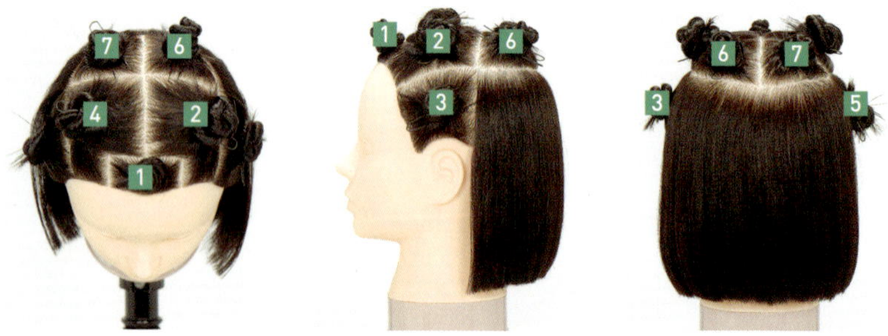

P.48の「ウィービングの基本のセクショニング」のフロントとオーバーセクション（1、2、3、4、5、6、7）のみを分けとる。表面部分のみにウィービングをしていくこととなる。

Technique

01　セクション6から、ブロックラインと平行に、厚さ1センチのスライスを取り、深さ3ミリ、幅3ミリ、間隔7ミリでウィービング。

02　あとはフルウィービングと同じ要領で、オーバーセクション、フロントボックスをウィービングする。

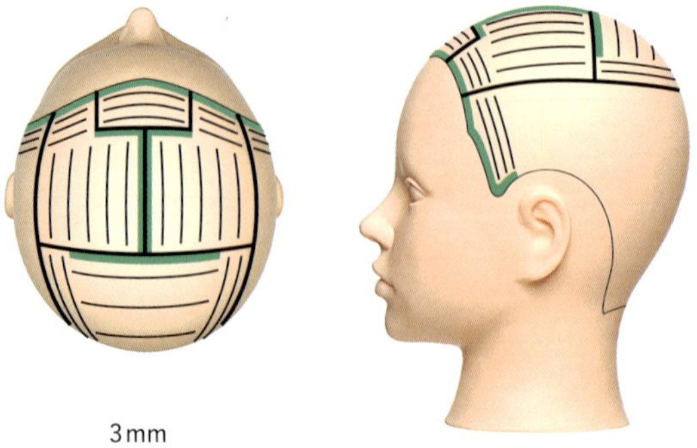

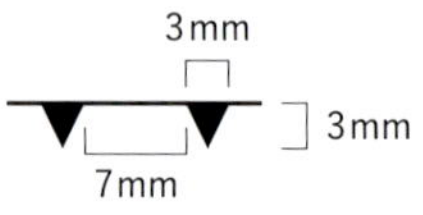

深さ＝3mm　幅＝3mm　間隔＝7mm

［フォワードのウィービング］

［タイムの目安］
塗り始めから塗り終わりまで

フォワードの
ウィービングとは？

ショートレイヤーなど、毛流れがトップポイントから放射状に落ちるスタイルは、オーバーセクション中心に、フォワード方向に入れていくのが基本です。これはバージン毛に14レベルのナチュラルなハイライトを入れていくデザインですが、求める動きや束感、コントラスト具合によって、ウィービングのチップやピッチは変えていきます。

■ Before

4レベルの黒髪、バージン毛を想定したショートレイヤー。

■ Sectioning

ショートなので、P.48の「ウィービングの基本のセクショニング」とは異なるセクションを取る。トップバックはセクション6、7を分けとるが、フロントトップは左右のこめかみを6センチ幅で分け取り、耳上で2つに分ける（下図参照）。

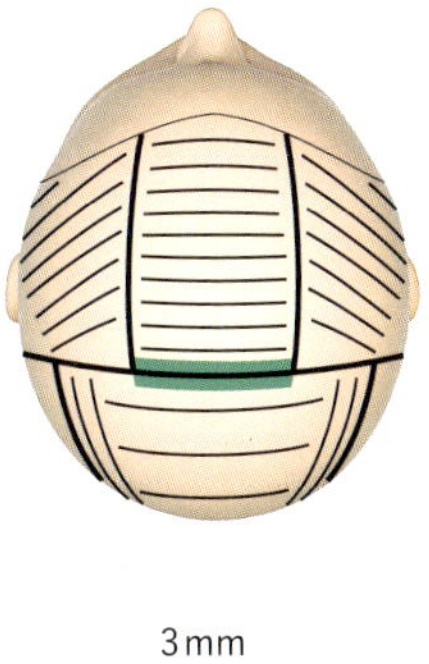

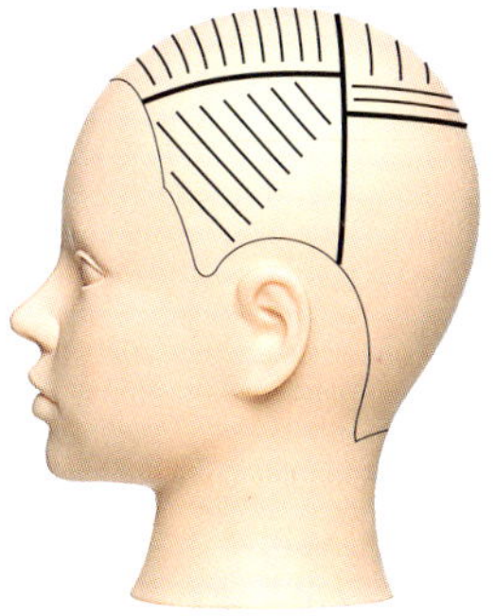

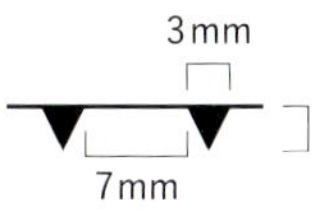

深さ＝3mm　幅＝3mm　間隔＝7mm

■ Technique

01　セクション6から、セクションラインと平行に、厚さ1センチのスライスを取り、深さ3ミリ、幅3ミリ、間隔7ミリでウィービング。

02　フロントトップは、フロントセクションの前側からセクションラインに平行のスライスを取り、**01**と同様にウィービングしていく。

ウィービングとスライシング

［スライシングの基本操作］

スライシングとは？

１パネルを薄いスライスで取り、そのパネルごとに薬剤を塗布してホイリングするテクニックです。スライスの幅と深さを変えることによって、様々なデザイン表現が可能です。ウィービングに比べて大きな面積になるので、よりアクセント的なデザイン効果が出ます。ここではその基本の操作方法を解説します。

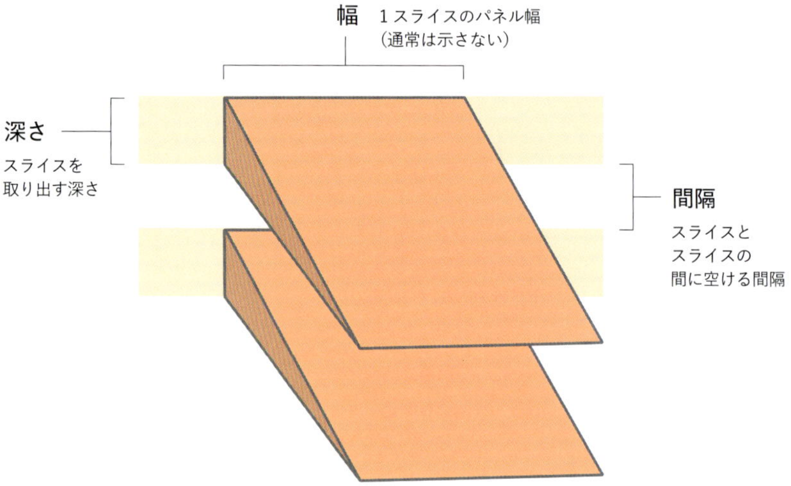

基本の手順

Technique

01　コームで深さ２ミリのスライスを取る。左手をスライス線のゴールに置くと、正確に取り出しやすい。

02　パネルを左手で持ち、テンションをしっかりかける。

03　ホイルを根元までぴったりと入れる。

04　毛束を持つ手のテンションをかけたまま、ホイルの上にパネルを下ろす（適度なテンションをかけることで、ホイルがずれない）。

05　根元２センチを空け、ハケを90度に立てて薬剤（量は少）を塗布。パネル幅が広いので、真ん中、奥、手前側と３分割して塗る。

06　ハケの角度を徐々に寝かせながら、中間~毛先へと進んでいく。ここではハケの角度は60度。

07　ここでは30度。

08　長くてホイルから出る毛先は、ホイルの上で丸めてホイル内に収める。

09　ハケで毛先を広げるようにしながら、左右横にスライドさせて内側まで均一に塗る。

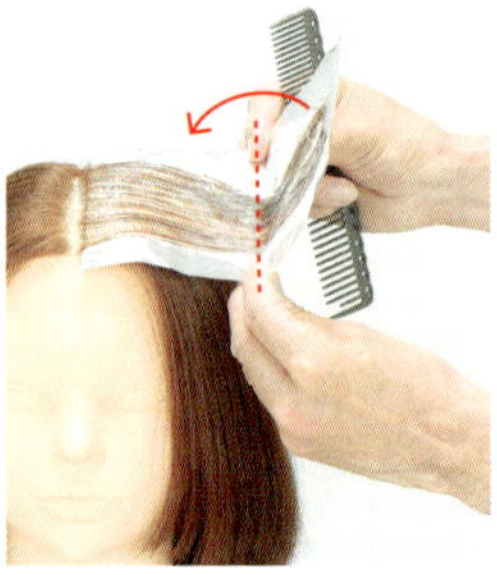

10　ホイルの端を親指でピンと張らせたまま持ち、真ん中からホイルを折る。

■スライシングデザインの一例

11　このとき折目を強くつけ過ぎると、ホイルの中で薬剤の塗布ムラができてしまうので、折目は緩くする。

12　コームの歯かテールを使って、ホイルの両端に折目をつける。

13　コームを使ってたたむ。

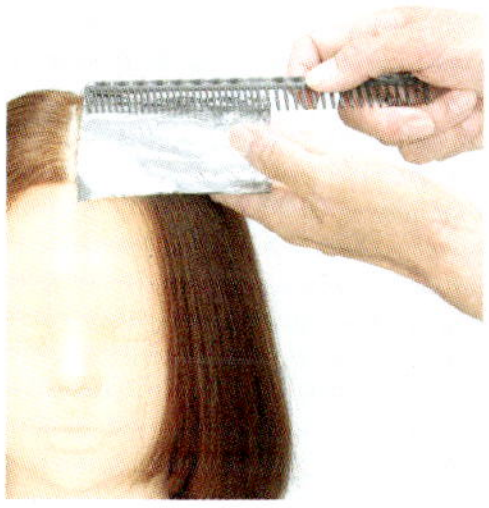

14　コームで軽く押して整える。

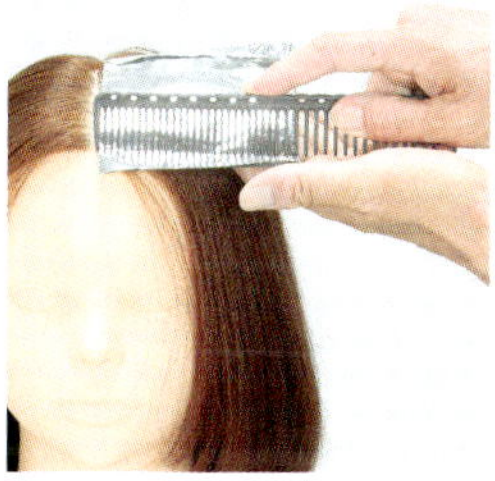

15　逆側も同様に、コームで折目をつけて。

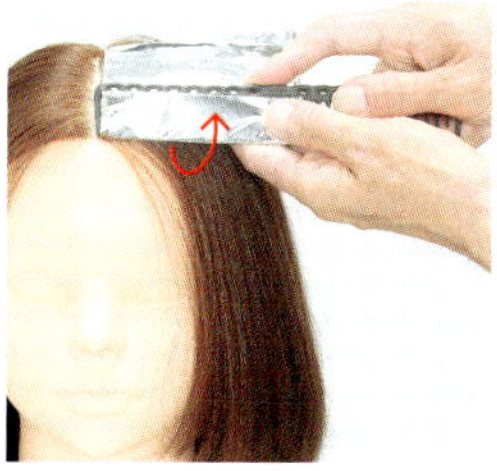

16　コームを使ってたたむ。

17　コームで軽く押してほホイル全体を整える。

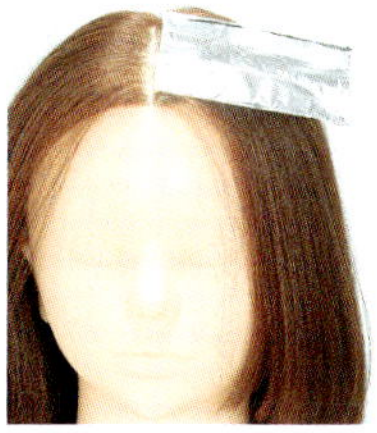

18　1パネルの完成。

その他のホイルワーク

ウィービングとスライシング以外にも、カラーデザインのためのホイルワークは多数あります。ここからは、覚えておきたいその他のホイルワークのテクニックをご紹介。マスターすれば、デザイン表現の幅が広がります。またトナーも含めた、乳化のテクニックの注意点も解説していきます。

バタフライチップ

>>>P.70 バタフライチップ

バレイヤージュ

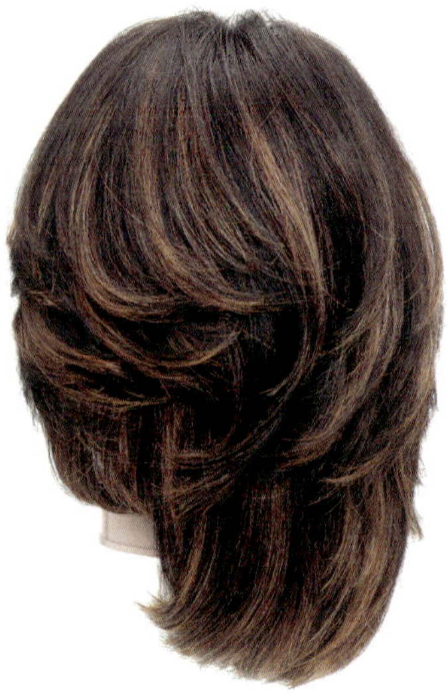

>>>P.72 バレイヤージュ

｜ミディアムのフィンガーペインティング｜

>>>P.74 ミディアムのフィンガーペインティング

｜ショートのフィンガーペインティング｜

>>>P.75 ショートのフィンガーペインティング

その他のホイルワーク

[バタフライチップ]

バタフライチップとは？

毛量調節された髪の、中間から毛先にかけて自然なグラデーションを作り出す技術です。ホイルをたたんだ時の形状が蝶（バタフライ）に似ていることからついた名称。グラデーションカラーを作るときに用います。

■ Before

4レベルの黒髪、バージン毛を想定したミディアムレイヤー。

■ Sectioning

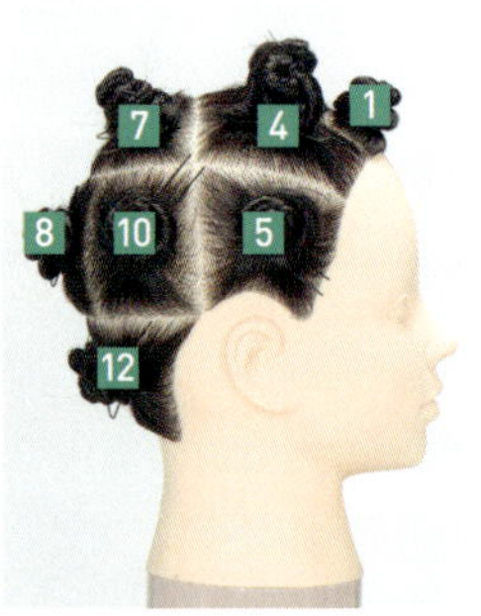

P.50の「ウィービングの基本のセクショニング」の12セクションを取る。

■ Technique

01 分かりやすいようにミドルセクションで説明。セクションラインと平行の、厚さ2センチのスライスを取る。

02 まずパネルの削ぎ具合を確認し、削がれずに長く残っている部分のみを、ウィービングで拾う。

03 拾い出したチップの毛先から根元にかけて逆毛を立てる。

04 逆毛はこの程度まで、しっかりと立てる。逆毛を立てることで、塗布のスタート位置のラインがぼける。

05 逆毛部分をはずし、中間から毛先の下にホイルを入れ、薬剤を塗布する。

06 薬剤は毛先にたっぷりと塗布。

07 塗布後、ホイルを5~10ミリ程度、手前側にずらす。ずらすことで、境界線がぼけてなじむ。

08 軽くずらした後で、通常のウィービング同様に、コームを使って、ホイルを半分に折る。

09 ホイルは、縦ラインは上がすぼまり、下が広い三角形になるように折る。テールを使って①右側を折り、続いて②左側を折る。

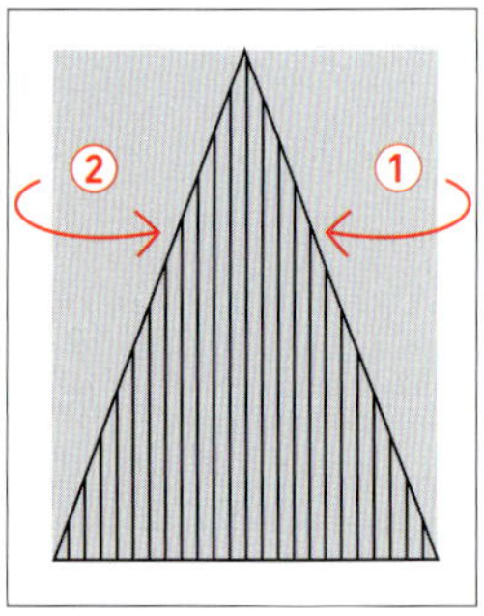

10 図のように折り、ホイル口から薬剤がもれないように、また毛束がホイルからずれないように、ホイル口を閉じる。

［タイムの目安］
塗り始めから塗り終わりまで

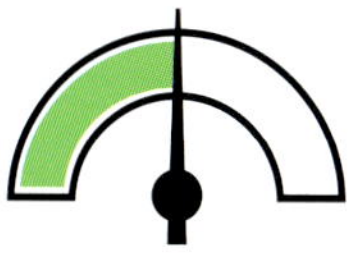
15分

11　上はしっかり閉じて、ホイルがずれないようにする（ベルトがつけられないため）

12　これで1パネルの完成。この要領で、デザイン的に欲しい位置に、バタフライチップを入れていく。

13　ここでは全体で24枚のホイルを入れた。

■ Foil On

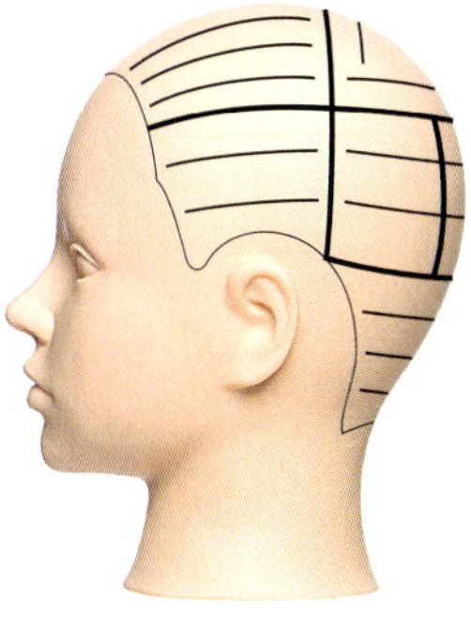

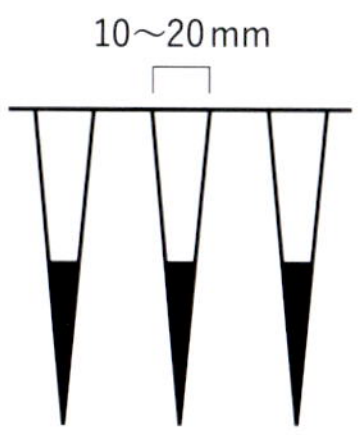

その他のホイルワーク

[バレイヤージュ]

バレイヤージュとは？

バレイヤージュとは仏語で「ほうきで掃く」の意味を持ちます。グラデーションをつけたい時などに、文字通りほうきでサッと掃くようなハケ使いで、スジ状にカラーデザインを入れていくテクです。絵を描くように色を入れられるのでデザインの自由度が高く、スピーディに仕上がることが特徴です。

■ Before

4レベルの黒髪、バージン毛を想定。サイドがリバースに流れたミディアムレイヤー。

■ Technique

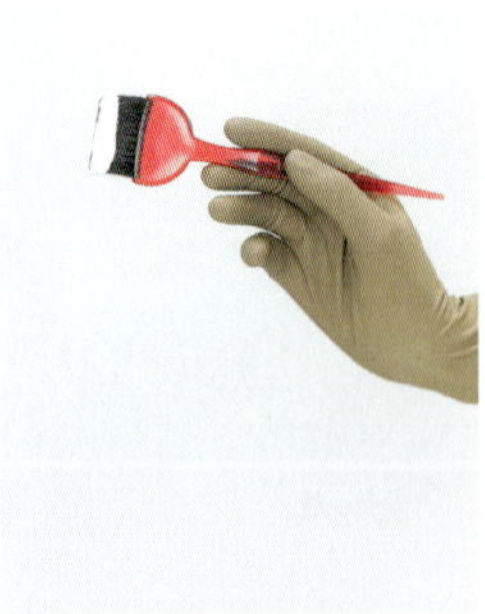

01 バレイヤージュではハケとコームを使う。まず縦ハケに薬剤を取り、ハケの先端の薬はカップで削ぎ落しておく。

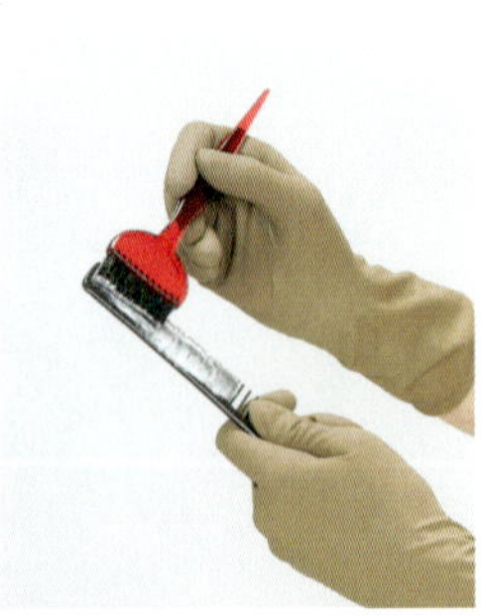

02 このハケでコームの表に薬剤を塗る（歯と歯の間に埋め込む）。

03 裏側からも同様に埋め込む。

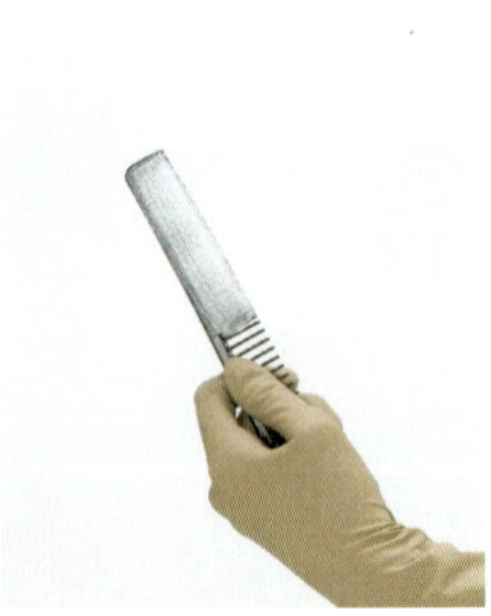

04 コームをこのような状態にする。

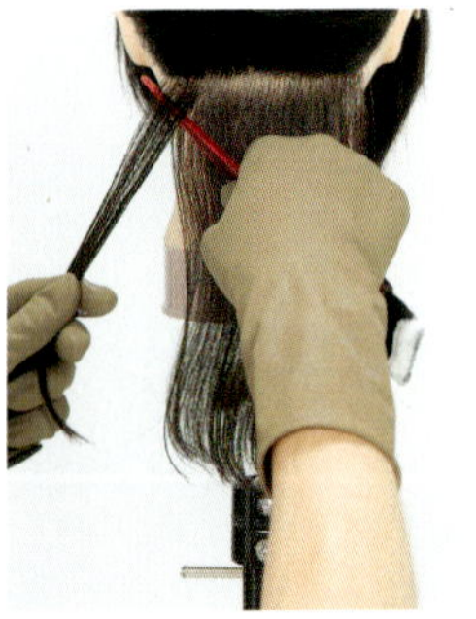

05 バックから厚さ3センチのスライスを取り、深さ20ミリ、幅20ミリ、間隔20ミリのチップをハケのテールで取る。

06 このようなチップになる。バレイヤージュの場合、ここに欲しい、という場所をピックアップして、毛束を引き出す。

07 立てたハケの断面を使って、薬剤を毛束の表面のみに塗っていく。根元は約3センチ空けている。

08 中間部分から毛束の下にコームを置き、ハケではさみ込む。

09 コームの上でハケを徐々に寝かしながら毛先まで進む。

10 1パネル目終了。このように毛先に行くにしたがって、薬剤が多くなるように塗布していく。

［タイムの目安］
塗り始めから塗り終わりまで

20分

11 次のパネルも同様に塗布していく。スタートはハケを立てて、

12 毛先に行くに従って徐々に寝かせる。

13 ネープはこの要領で、3本のバレイヤージュを入れた。

14 その上のセクションに行く前に、根元付近の薬剤が他のパネルにつかないように、コットンを貼ってカバーする。

15 次のセクションはブリックワーク（レンガ状に毛束を取る）で取り、同様にバレイヤージュを入れる。

16 ブリックワークなので、下のセクションとは互い違いに入ることになる。

17 バック全体にこのように入れていく。

18 フロントサイドも同様に。欲しい場所にフリーハンドで入れていく。このデザインの場合は、タイムの目安は20分。

■ Finish

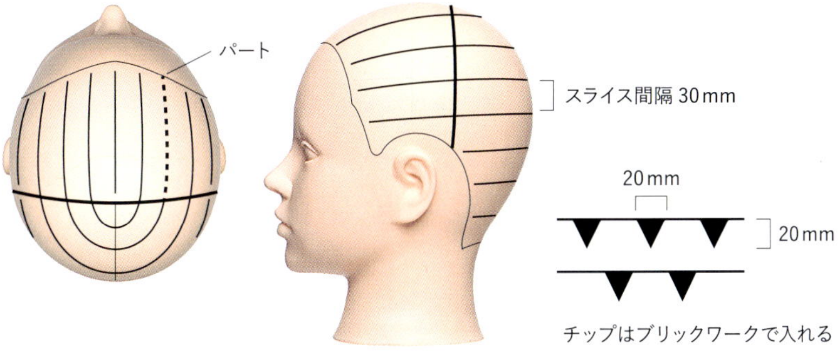

その他のホイルワーク

[ミディアムのフィンガーペインティング]

［タイムの目安］
塗り始めから塗り終わりまで

ミディアムのフィンガーペインティングとは？

毛先に向かってスピーディに、大胆なグラデーションデザインを作るテクニック。まず毛束をねじり、毛先を扇状に広げます。その扇状に広げた部分に薬剤を手で塗布していくことで、カラー剤塗布の境界線がボケて、自然なグラデーションが付きます。

■ Before

4レベルの黒髪、バージン毛を想定したグラデーションの入ったミディアムボブ。

■ Sectioning

イア・トゥ・イアで分け、バックは4分割。フロントはフルバング、フロントサイドは左右1つずつで取る。

■ Technique

01 バックのアンダーセクションを2分割し、下からスタート。厚さ3センチでスライスを引き出す。

02 毛束の根元から1/3の位置を指でつまみ、そこからリバース方向へ2回転ねじる。毛先は扇状に広げる。

03 ねじった毛束に、薬剤を手でたっぷりと大胆に塗布していく。最後にねじり目の表面にも塗布する。

04 ホイルを当てる。

05 左右から折りたたみ、下からも折りたたんで、ホイルを閉じる。

06 根元を絞めて、1パネル目完了。ここではバックアンダーに各2本、オーバーに各3本、フロントサイドに各3本。

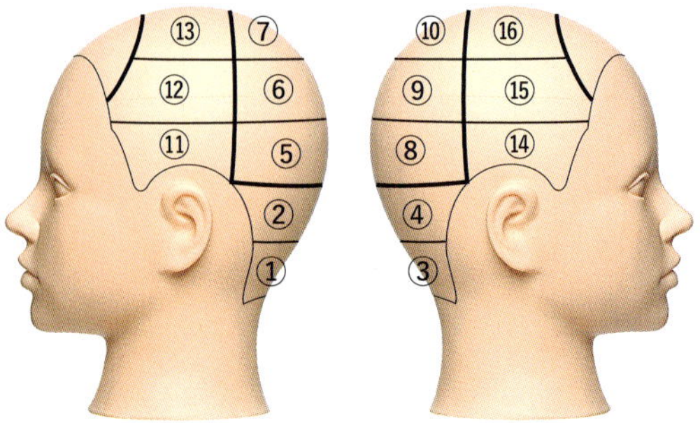

[ショートのフィンガーペインティング]

［タイムの目安］
塗り始めから塗り終わりまで

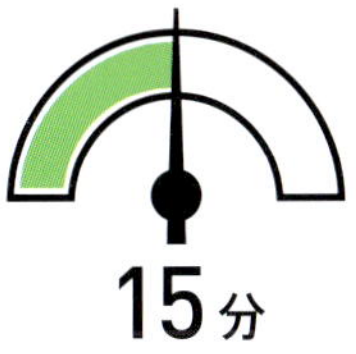

ショートのフィンガーペインティングとは？

ロング同様、スピーディに大胆なグラデーションを作るテクニック。ただし長さが短いので、ねじらず1/2位置から薬を塗布します。グラデーションをつけたいので、髪の動く方向に合わせて、ラフにスピーディに取っていくのがコツです。細かくパネルを取り過ぎると、あまり効果が発揮できません。

■ Before

4レベルの黒髪、バージン毛を想定した前下がりのショートグラ。

■ Sectioning

P.65のショートの同様、左右のこめかみを結ぶモヒカンセクションを取るが、バックは明るくなり過ぎるのを防ぐため、四角形で取る。

■ Technique

01 バックの四角セクションはセンターで2つに分けて、これを1パネルとして左側からオンベースで引き出す。

02 毛束の1/2の位置からハケでたっぷりと薬剤を塗る。塗った後、指でラフに薬剤をなじませる。

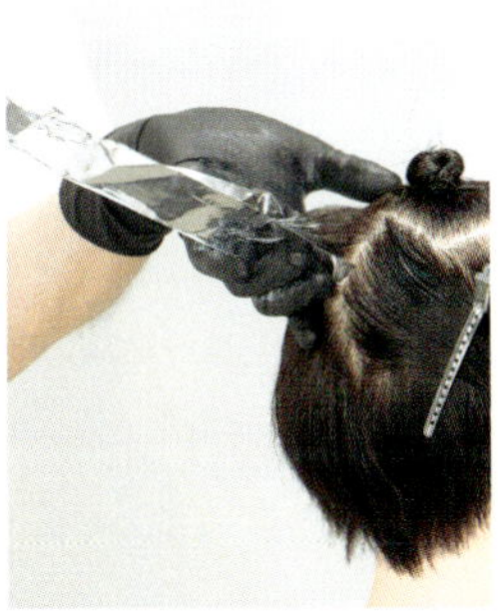

03 ホイルを置き、左端からたたむ。

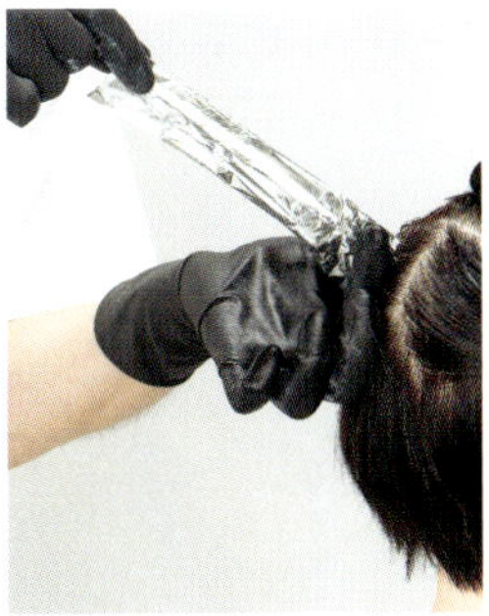

04 今度は右側からたたむ。

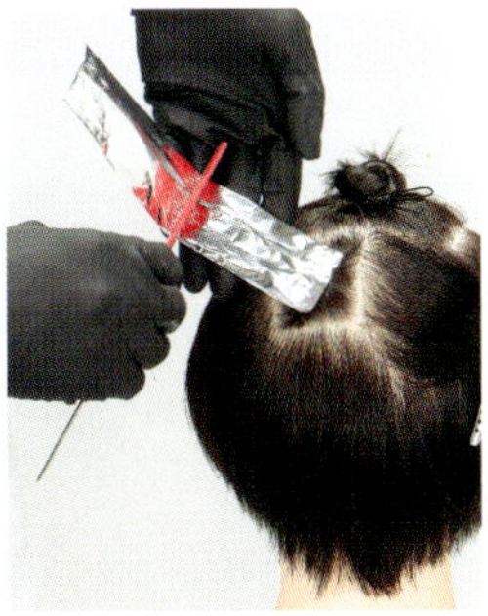

05 薬が下から出てこないように、コームを使って半分に折りたたむ。

06 根元をきゅっと絞めて1パネルの完成。これを繰り返し、バック左右各1枚、フロントサイド各4枚のホイルを入れる。

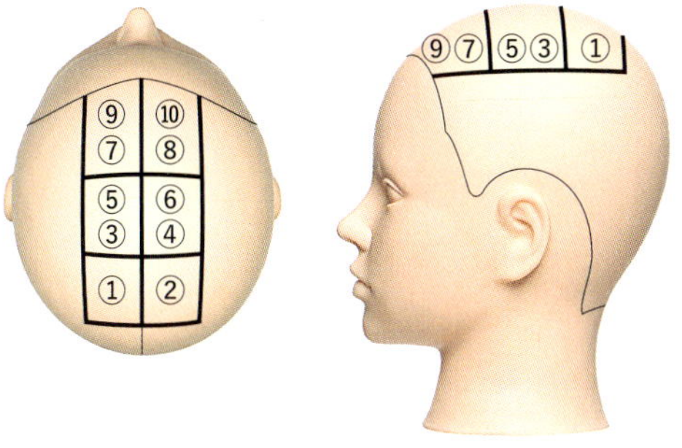

その他のテクニック

[乳化を含むカラーシャンプー]

Technique

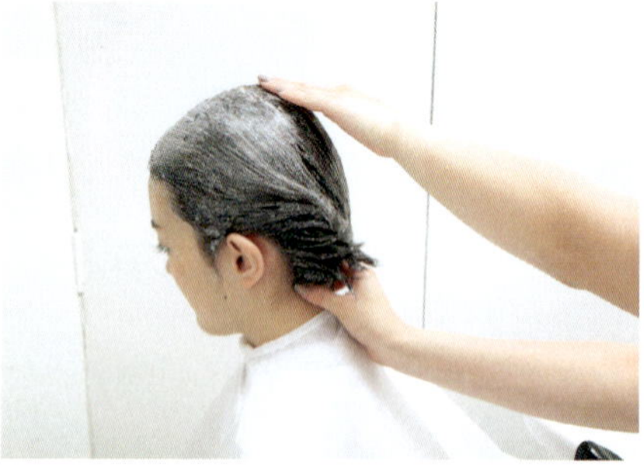

01 シャンプー台に倒す前にまず、ネープ部分をもみ込んで乳化を進めておく。

02 シャンプー台に倒し、シャンプーボウルにお湯をためたら、少しずつお湯を含ませながら、生え際から乳化をしていく。

03 少しずつ手にお湯をとって、頭皮にかけながら、

04 全体が乳液状になるように、優しくもみ込んでいく。頭皮についた薬剤を落とすことと、全体にムラなく薬剤が混ざることをイメージしてもみ込む。

05 忘れがちなこめかみ部分や、

06 耳後ろやネープは特に注意して乳化する。

07 全体がトロトロした乳液状に変化してきたら、乳化終了。

08 プレーンリンスに移る。カラー剤はシャンプーで落とす、と思わず、この段階で、ぬるま湯でまんべんなくよくすすいでおくことが大切。

09 顔周りを流すときは、手で顔側をガードして。

乳化とは？

乳化（エマルジョン）とは、水と油のように本来混ざり合わないものを混ぜ合わせ、乳液状にすることをいいます。ヘアカラーにおいては、塗布したカラー剤を全体になじませて色素の定着を図るのと同時に、頭皮や顔周りに残る剤を落とす、という役割があります。

［タイムの目安］
01～07まで

3分

10 お湯の色にカラー剤が出てこなくなったら、シャンプーに入る。

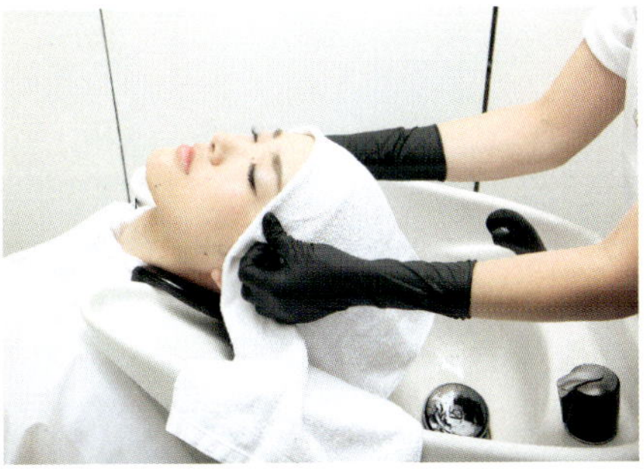

11 シャンプー後のタオルドライ。タオルの両端を持って額から包む。

12 優しくしっかりふき取る。

13 この段階で頭皮に色がついてしまっているようなら、リムーバーをつけた綿棒で取り除く。

14 蒸しタオルを首と耳上にあてる。カラー剤がしっかり落ちているかチェックする。

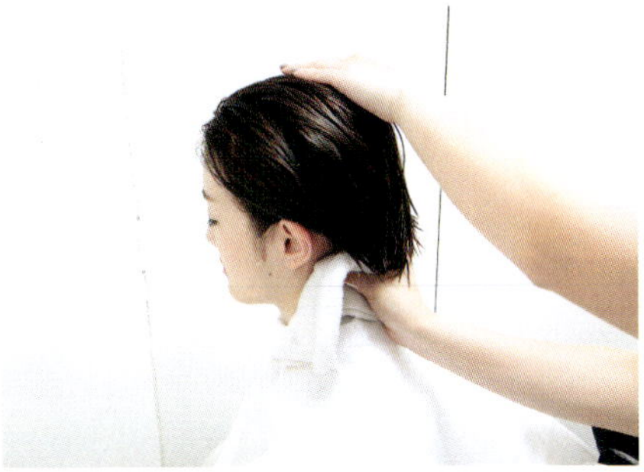

15 タオルをあてたまま、首筋をマッサージ。首後ろ（みつえり）もチェック。

16 カラー剤が残りやすい耳周りをよくチェック。

17 フェイスラインに沿ってチェックしながらふき取る。

18 最後にもう一度、ヘムライン全体と耳後ろをチェック。

その他のテクニック

[トナー]

トナーとは？

トナーとはシャンプーブースで行われるカラーテクニックの１つで、色素の補正や補充を行うテクニック。色の入り具合を見ながらカラー剤を流すタイミングを見極められることと、短時間でできるというメリットがあります。ただし通常のカラーより、色持ちは短くなります。

［タイムの目安］

01〜04まで

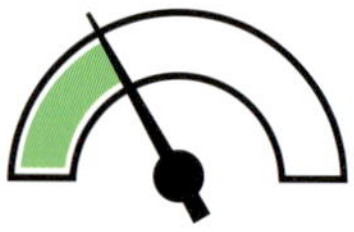

10〜15分

■ Technique / 全体をトナー

01 タオルドライでしっかり水分を取った後、手に薬剤を取り、生え際の根元から塗布していく。

02 髪の長さやコンディションに合わせて、毛先に薬剤を伸ばしていく。

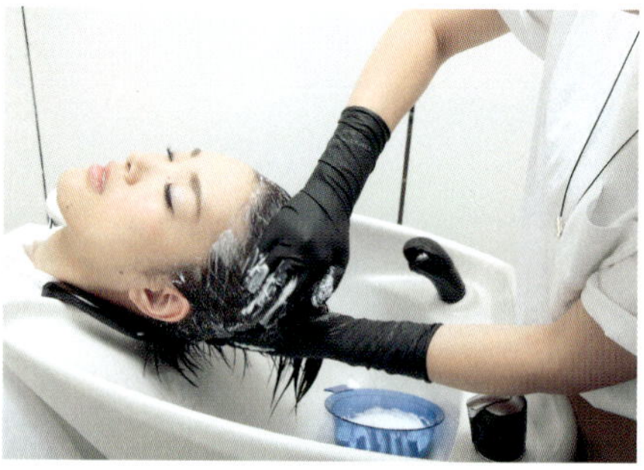

03 全体にまんべんなく行き渡るように伸ばす。

04 全体に行き渡ったら、そのまま5~10分放置。

05 乳化に入る。P.76の乳化のテクで、こちらも乳化していく。

06 薬剤の感触がトロトロの乳液状に変わったら、乳化終了。

07 プレーンリンスを行う。髪のコンディション、発色を確認して、適切な場所から流す。

08 シャンプーして薬剤を洗い流す

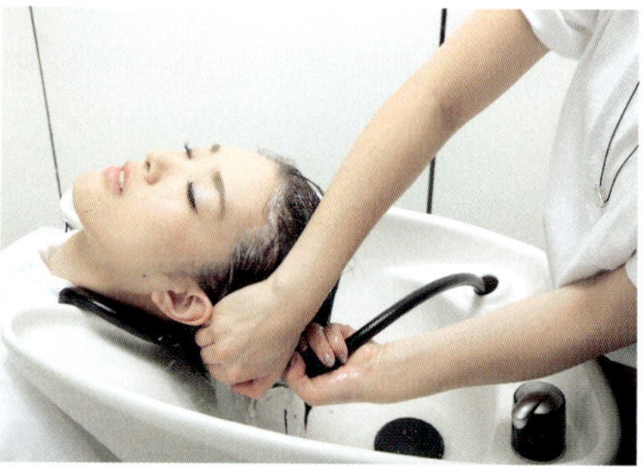

09 シャンプー剤を完全に流して終了。

［タイムの目安］
01〜04まで

10〜15分

■ Technique / 毛先のみのトナー

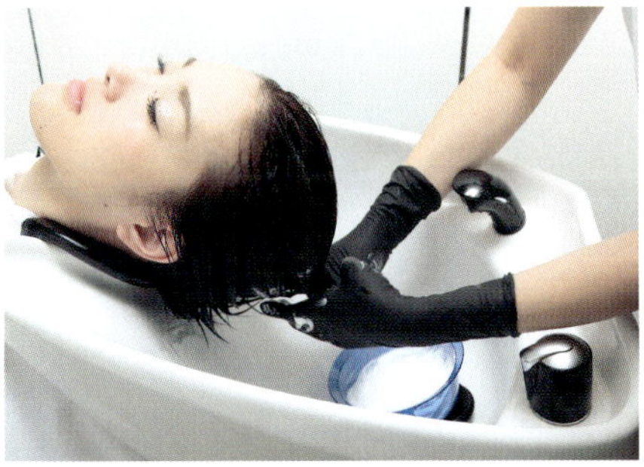

01 ハイダメージの場合などに使う、ウエット時に少しだけ色味を足していくテク。毛先にのみ、カラー剤を塗布していく。

02 欲しいところだけに色味を足していくイメージで塗布する。

03 傷んでいる髪に施術することも多いので、扱いは丁寧に優しく。

04 適正なタイム（5〜10分）で放置。

05 流すときは、毛流に沿って流す。必要以外の場所に薬剤がつかないようにする。

06 根元側から毛先側に向けて流れるようにすること。

その他のテクニック

[ホイル周りの乳化]

[タイムの目安]

01～04まで

5分

ホイル周りの乳化とは？

ホイル＋ワンメイクの場合など、ホイルを外さずに乳化する必要が出てきます。その場合はホイルをずらさずに、生え際をきちんと乳化することが大切です。また流すときも他に薬剤がつかないように気をつけて、一枚ずつ、丁寧、かつスピーディに乳化とお流しをしていきましょう。

■ Technique

01 ホイルをずらさないように気をつけながら、顔周りの生え際から乳化していく。

02 ホイルを片手で持ち上げて支えながら、ホイルの間に指を入れて、ホイルとホイルの間も乳化。左手の親指や人差し指を横移動させる要領で動かす。

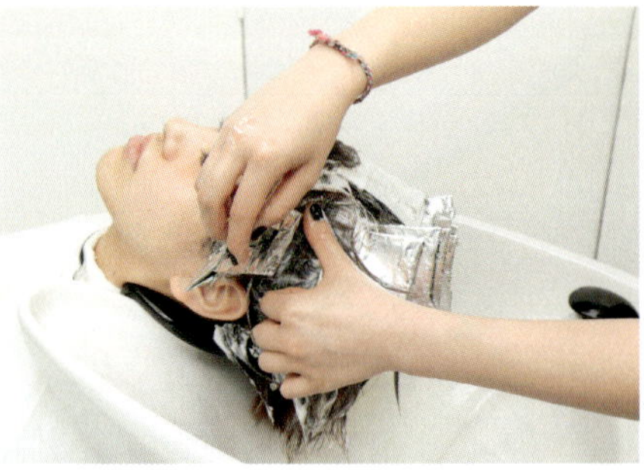

03 前から後ろに向かって進んでいく。

04 顔周りはお客様の顔に付かないようにホイルを手で支えながら行う。

05 流すときはえり足から前へ向かう。まず外回りを流してから内側を流し、ホイルがズレ落ちないように水圧は弱めで流す。

06 ホイルを手で支えながら、間もしっかりと流す。

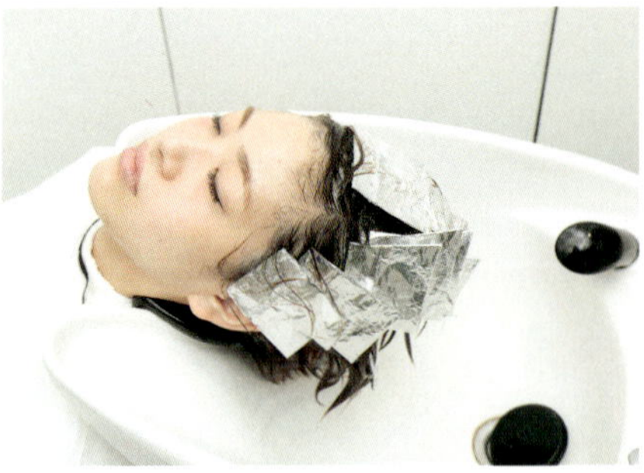

07 プレーンリンス終了。ホイルをずらすことなく、薬剤はしっかり落とした状態。

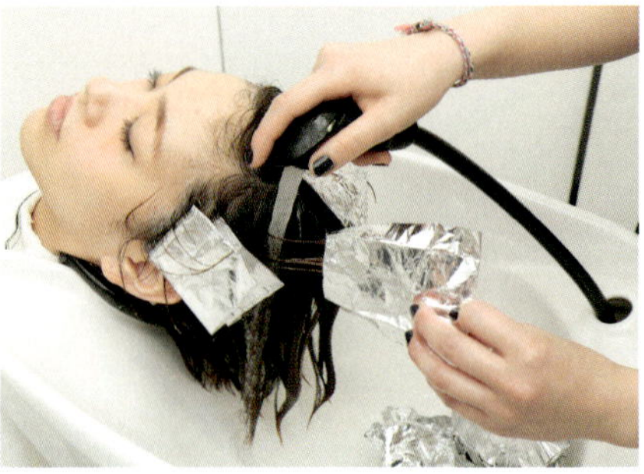

08 1パネルずつ、お湯をかけながらホイルをはずしていく(明度差が極端にある場合は、それぞれの影響を特に受けやすいので注意)。

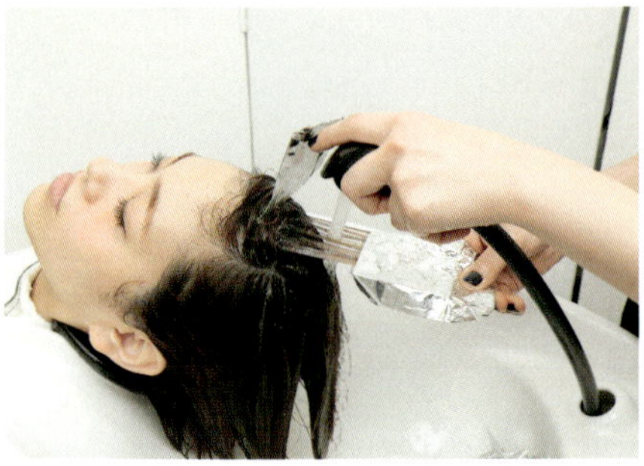

09 このようにパネルを引き出しながら、お湯をまんべんなく当てて流していく。

Chapter 3

ホイルワーク効果の基礎知識

チップとピッチの違いによる効果

Chapter 2 でレッスンしたホイルワークは、実際にどのようなデザイン効果を、ヘアスタイルにもたらすのでしょうか？　それを知るために、ここではまずウィービングのチップ（引き出す毛束の深さと幅）とピッチ（チップとチップの間の間隔）の違いよる印象変化を比較します。これらはすべて黒髪に14レベルのハイライトなのですが、チップとピッチの違いで、印象はかなり変化します。

深さ　幅　間隔
［3：2：2］

3つを比較してみると？

深さは一緒で、幅と間隔を変えているウィービングを、フロントは左右各10枚、バックも左右各15枚ずつ入れています。

［3：2：2］の細かいウィービング
ハイライトが地毛にブレンドされ、他に比べると少し明度が上がり、柔らかい印象。そのため「全体をほんのり明るくしたい」「ワンメイクにしたいが、地肌が弱く全体を染めたくない」というようなときに使います。

［3：5：5］の中くらいのウィービング
ほどよく地毛になじみながら、自然な毛流れ感や毛束感、奥行き感、華やかさが出るので、もっともスタンダードな入れ方といえます。

［3：10：10］の太めのウィービング
地毛とはっきりしたコントラストがつくハイライトになります。メリハリやインパクト、立体感を出したい場合に向いています。

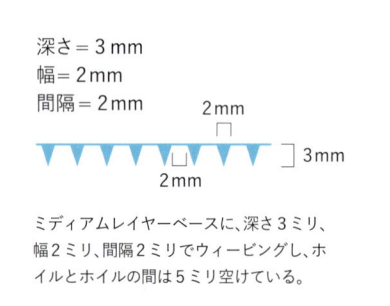

深さ＝3mm
幅＝2mm
間隔＝2mm

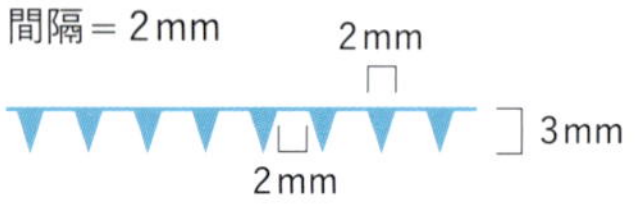

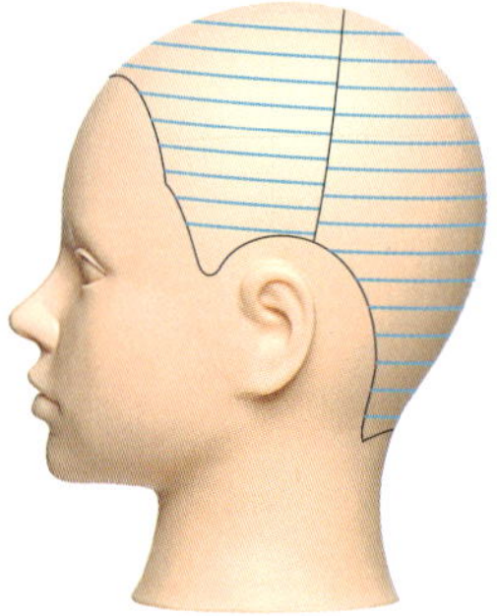

ミディアムレイヤーベースに、深さ3ミリ、幅2ミリ、間隔2ミリでウィービングし、ホイルとホイルの間は5ミリ空けている。

深さ　幅　間隔
[3 : 5 : 5]

深さ＝3mm
幅＝5mm
間隔＝5mm

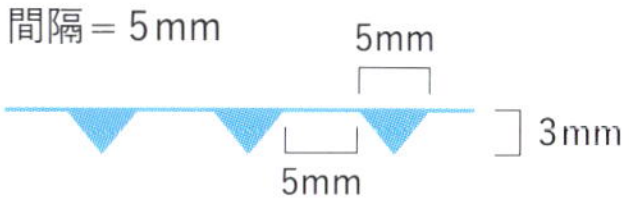

ミディアムレイヤーベースに、深さ3ミリ、幅5ミリ、間隔5ミリでウィービングし、ホイルとホイルの間は5ミリ空けている。

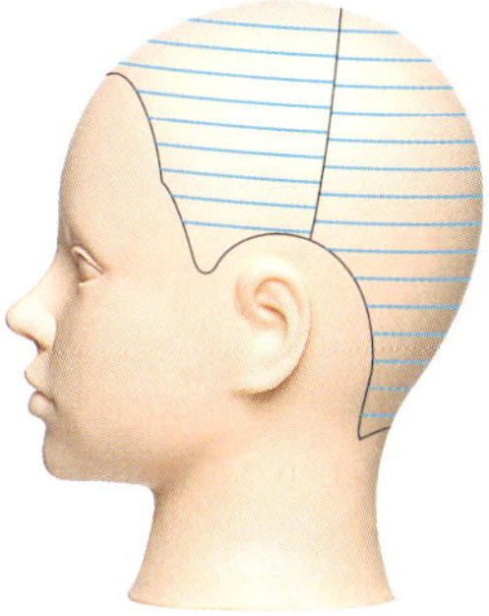

深さ　幅　間隔
[3 : 10 : 10]

深さ＝3mm
幅＝10mm
間隔＝10mm

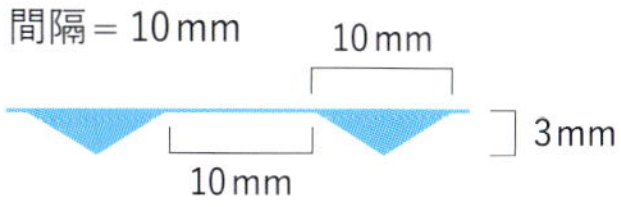

ミディアムレイヤーベースに、深さ3ミリ、幅10ミリ、間隔10ミリでウィービングし、ホイルとホイルの間は5ミリ空けている。

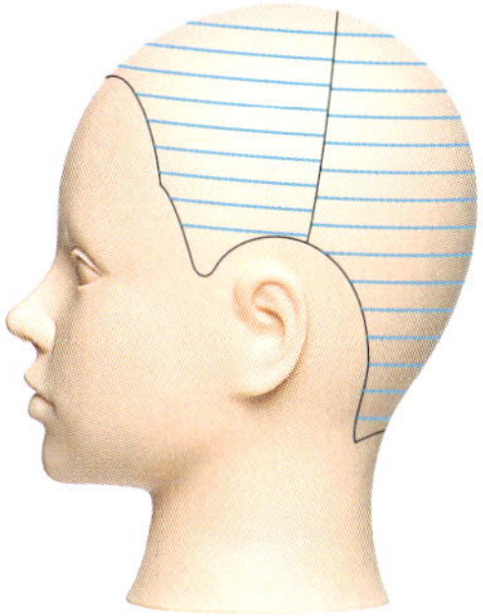

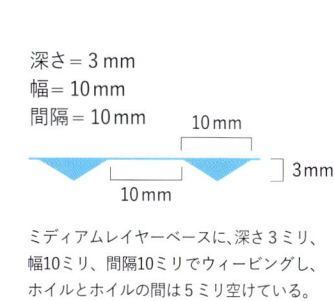

ホイル数の違いによる効果

ウィービングの効果の違いは、チップとピッチの違いによるものだけではありません。ホイルの枚数によっても変わります。ここではチップとピッチを同一にし、ホイルの枚数だけを変えてみました（枚数の増減がある分、ホイルとホイルの間の間隔は変わります）。ホイル数によってどのように印象が変わるのかを見てみましょう。またP.82～83の「チップとピッチの違い」とも比較してみてください。

ホイル数
［少］

3つを比較してみると？

3点すべて地毛の黒髪ベースに、深さ3ミリ、幅5ミリ、間隔7ミリのウィービングで14レベルのハイライトを入れています。

ホイル数［少］
ホイルは20枚。枚数が少ないぶん、明るい部分と黒髪のコントラストがはっきりとつき、ハイライト部分が目立ちます。

ホイル数［中］
ホイルは34枚。効果と印象はパネル数［少］と［多］の中間といえます。ほどよく地毛とブレンドしてトーンアップすると同時に、ハイライトの存在感もナチュラルです。

ホイル数［多］
ホイルは50枚。ホイル数［少］や［中］に比べて、ハイライトを入れた、というよりは、全体の明度が上がった印象になりました。

ホイル間隔＝12mm
ホイル枚数＝20枚

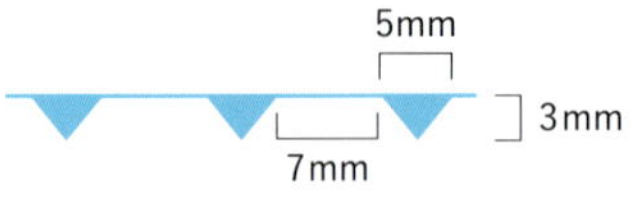

深さ3ミリ、幅5ミリ、間隔7ミリでウィービングし、パネルとパネルの間は12ミリ空けている。ホイルは合計20枚

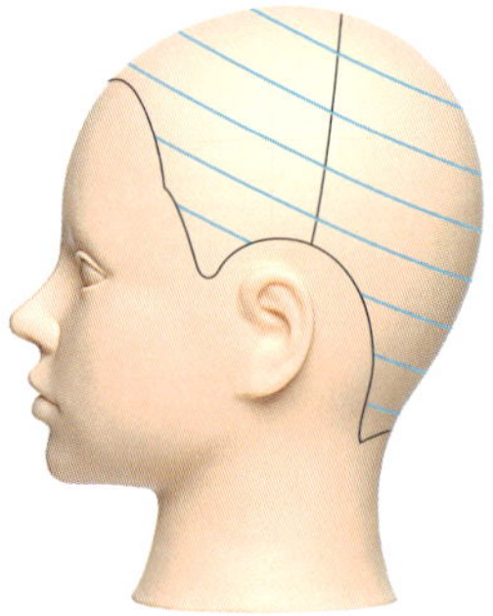

ホイル数［中］

ホイル間隔＝7mm
ホイル枚数＝34枚

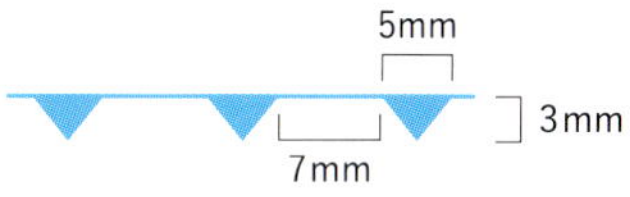

深さ3ミリ、幅5ミリ、間隔7ミリでウィービングし、パネルとパネルの間は7ミリ空けている。ホイルは合計34枚

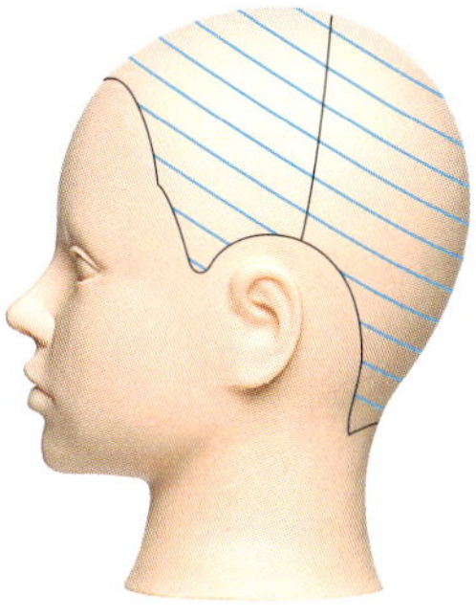

ホイル数［多］

ホイル間隔＝3mm
ホイル枚数＝50枚

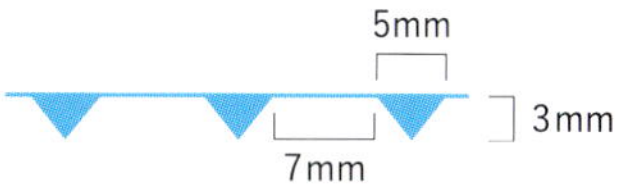

深さ3ミリ、幅5ミリ、間隔7ミリでウィービングし、パネルとパネルの間は3ミリ空けている。ホイルは合計50枚

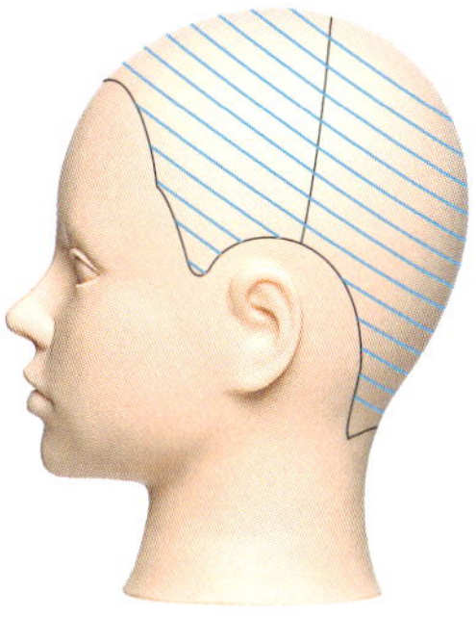

スライスの取り方の違いによる効果

ウィービングだけでなくスラシングも、その取り方のバリエーションで、様々なデザイン効果と印象の違いを生み出します。ここではスライスの厚みとホイルの枚数は一定にし、取り方が ①横　②斜め前上がり　③縦　の３種類で比較してみました。ストレートダウンの状態と、バックに流した状態の違いも見比べて、ハイライト（線）の印象が横、斜め、縦スライスではどう変わるのかを理解しましょう。ホイルはヘアスタイルの毛流れを意識して入れることが最も大切です。

3つを比較してみると？

同一のミディアムレイヤーに、厚さ５ミリのスラシングを、角度違いで入れています。地毛の黒髪ベースに対し、ホイル部分は14レベルのハイライトになっています。

スライスが［横］

髪の重なりに平行に入ることになるので、バックに流しても、ストレートダウンの状態でも全体になじんで見え、トーンアップした印象です。

スライスが［斜め前上がり］

毛流れの方向性と同じ斜め45度でスライシングが入るので、ストレートダウンではあまり目立ちませんが、バックに流したときにははっきりと毛束感が強調されます。

スライスが［縦］

ストレートダウンだとコントラストがはっきり出て、ストライプの印象になります。しかしバックに流したときは、細い束感となって表現されます。

スライスが
［横］

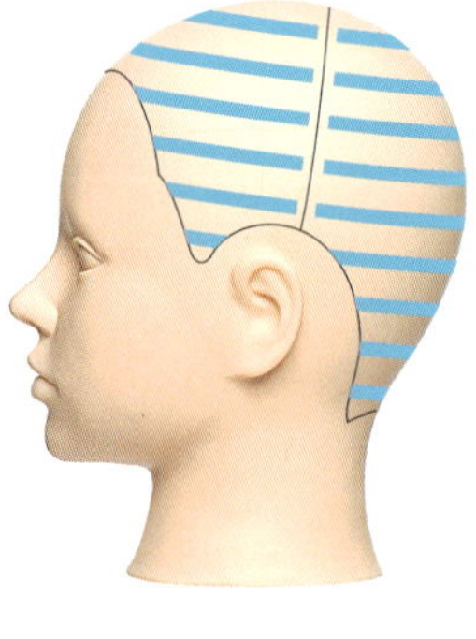

厚さ 5mm

スライスの厚さ５ミリのスライシングを、トップからセンターパートに平行に入れている。バックに流したものと、ストレートダウンを並列。

スライスが［斜め前上がり］

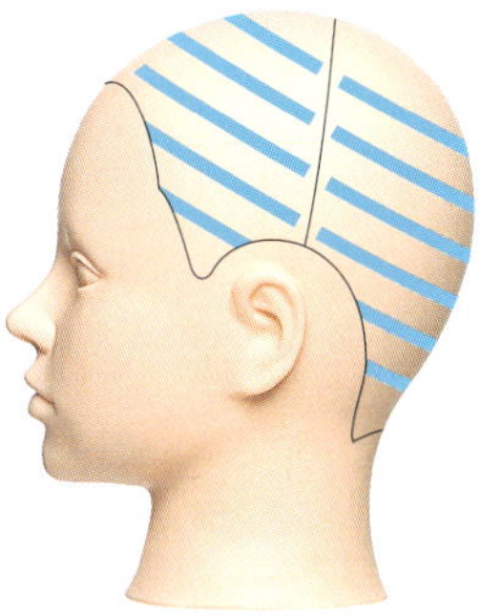

厚さ 5mm

スライスの厚さ５ミリのスライシングを、センターに対して斜め45度前上がりに入れている。流したものと、ストレートダウンを並列。

スライスが［縦］

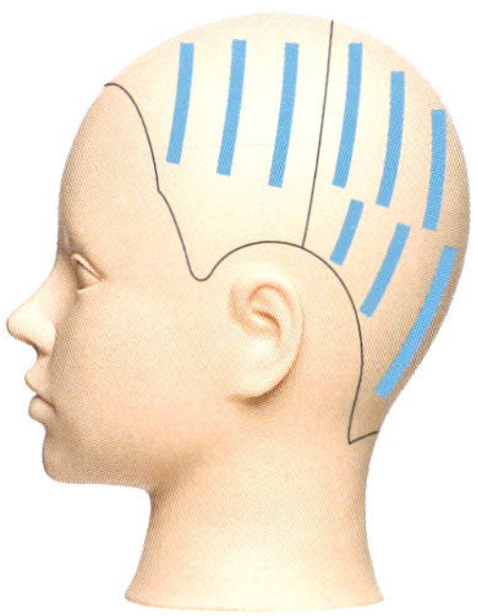

厚さ 5mm

スライスの厚さ５ミリのスライシングを、センターに対して縦に入れている。バックに流したものと、ストレートダウンを並列。

チップの形の違いによる効果

チップは▼に取るだけでなく、▲や█など様々な形で取ることもあります。ここではチップの形の違いで、ハイライトの出方がどのように変わるのかを見て行きましょう。ここでは分かりやすくするために、あえてセクションカラー的に大きなチップにしています。ストレートダウンの時と、動かした（ここではバックに流した）ときの出方（ハイライトの起点や面積）の違いに注目してください。

チップが［ ▼ ］

3つを比較してみると？

同一のミディアムレイヤーに、形の違うチップで取ったハイライトを入れています（効果を分かりやすくするために、ここではかなり大きいチップにしています）。

チップが［▼］（逆三角形）

ハイライトの面積が上ほど広く、下ほど狭くなっています。そのためバックに流すと、トップにハイライトがはっきり出て、毛先にはほとんど出ません。トップ表面の色味を出したい場合などに、小さな逆三角形スライスで使うことが多いテクです。

チップが［▲］（三角形）

スソ側に三角形にハイライトが出ます。バックに流した時は毛先側ほどハイライトが広がるので、毛先の柔らかさや色味を強調する効果があります。

チップが［█］（長方形）

まっすぐな縦線のハイライトが出ます。流しても直線的なスジ状のハイライトになります。このように大きなスライスで使うことはほとんどありませんが、細かいスライスであれば面構成のスタイルのカラーデザインなどに用います

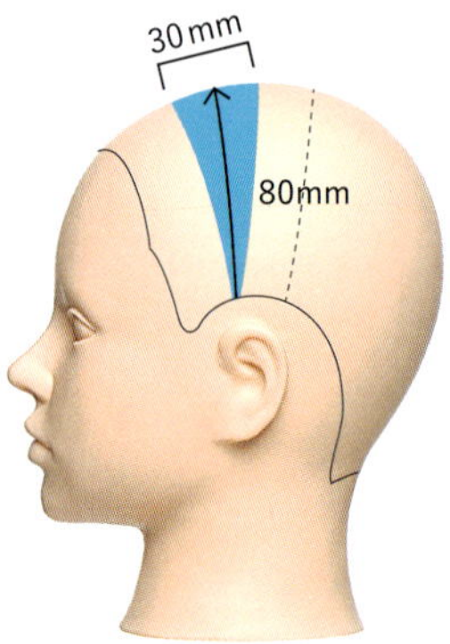

底辺が30ミリ、高さが80ミリの大きな逆三角形のチップを、トップから入れている。バックに流したものと、ストレートダウンを並列。

チップが［ ▲ ］

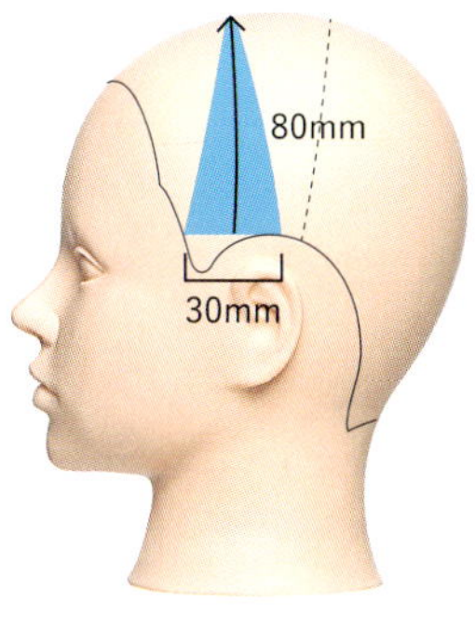

底辺が30ミリ、高さが80ミリの大きな三角形のチップを、トップから入れている。バックに流したものと、ストレートダウンを並列。

チップが［ ■ ］

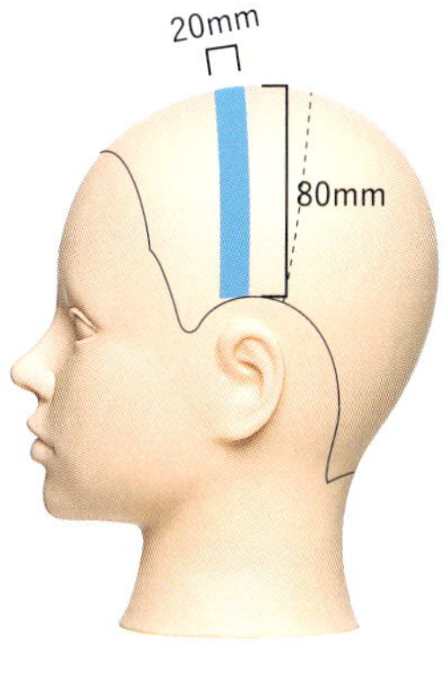

幅20ミリ、長さ80ミリの大きな長方形のチップを、トップから入れている。バックに流したものと、ストレートダウンを並列。

ハイライトとローライトの効果

ホイルワークは、そのテクが作りだすデザイン効果、印象の違いが分からなければ使いこなすことができません。ベース１色に対して、ハイライトやローライトを加えたときの変化を把握し、カラーをデザインしていきましょう。ここでは①ナチュラル系９レベルのベースに、②ブリーチによる13レベルのハイライトを入れたとき、さらに③ナチュラル系４レベルのローライトも加えたときの、３段階で変化を見ていきます。

3つを比較してみると？

同一のミディアムレイヤーを３段階に変化させています。ここでは単純にブリーチとダークブラウンのハイライト&ローライトですが、色の組み合わせは無限にあります。それによっても印象は大きく変化します。

[ベースのみ]
仕上がりがナチュラル系９レベルの１色染め。ツヤや明るさはありますが、毛流れなどはフラットな印象。

[＋ハイライト]
毛流れに沿った斜め45度前上がりのスライスでウィービングハイライトを入れているので、バックに流したとときに毛流れが強調されて、躍動感が出てきている。明度も明るく感じる。

[＋ハイライト&ローライト]
左のウィービングハイライトの間を埋めるようにローライトを入れたもの。対比でよりハイライト部分が明るく強調されるが、ベース全体の明度は深みを増したような印象になる。隣り合わせにローライトを入れることで、ハイライトはより強調されるという例。

[ベースのみ]

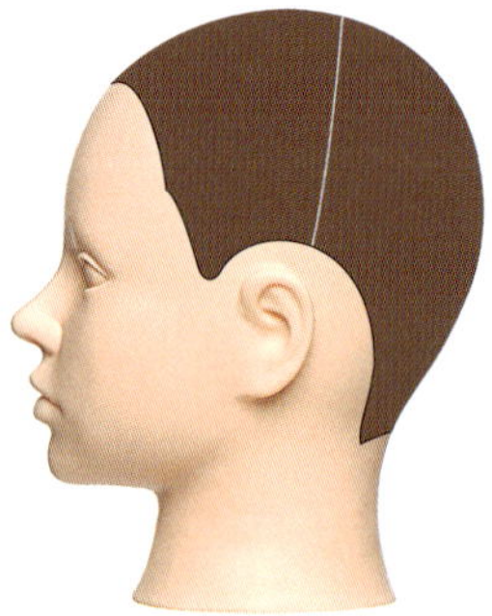

仕上がりがナチュラル系９レベルの１色染めの状態。

[＋ハイライト]

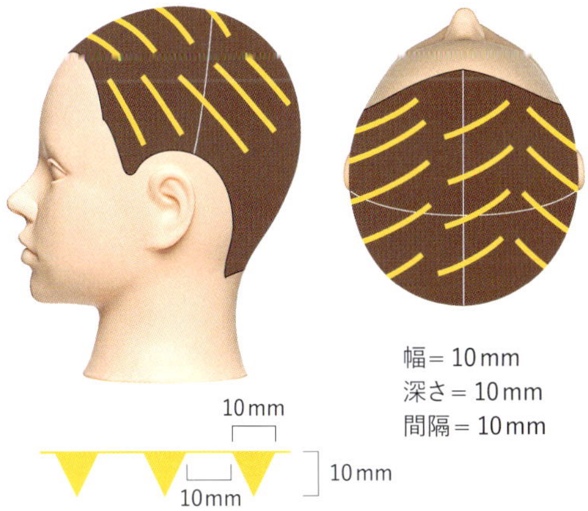

[ベースのみ]のウイッグに幅10ミリ、深さ10ミリ、間隔10ミリのウィービングのハイライトを加えた。ハイライト部分は13レベルにトーンアップしている。

[＋ハイライト&ローライト]

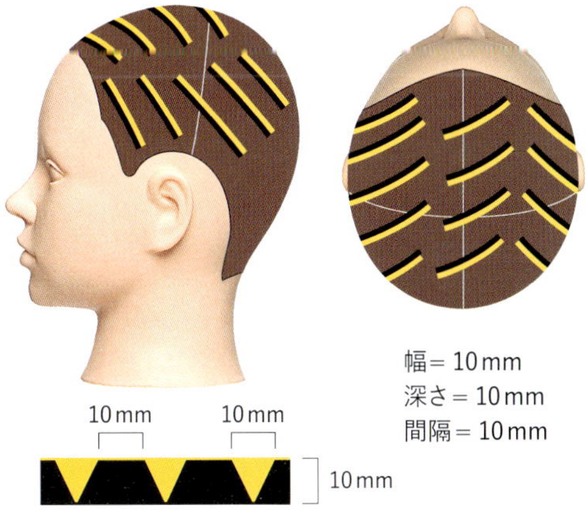

[＋ハイライト]のみのウイッグに、バック・トゥ・バック(P.122参照)で4レベルのローライトを入れている。

Column ②

ヘアカラー・ヒストリー

日本史上初の白髪染め挑戦者は、
平安時代末期の武将・斎藤実盛（さいとうさねもり）

歴史上、日本で最初に白髪染めをしたのは、平安時代末期に武蔵国幡羅郡長井庄（現在の埼玉県熊谷市）を本拠とした武将、斎藤実盛（1111年〜1183年）と言われている。

『平家物語』の巻第七に「実盛最期」によると、斎藤実盛は1183年、加賀の国・篠原の戦い（現在の石川県小松市）において、敵方に首を打ち取られた。しかし73歳の高齢である実盛の髪の毛が黒く、首実検（打ち取った首を敵方の大将が確認すること）では本人と分からなかった。ところがその首を近くの池で洗わせたところ、黒髪がすぐに白髪に変わり実盛本人だと判明した、と記述されている。白髪を染めたのは墨汁であったらしい。ちなみに篠原の戦いの古戦場の近くに、この「首洗い池」はある。実盛が「老兵と悟られずに、若々しく強く見せたい」と白髪を染めたことが、日本最初の白髪染めと言われている。

江戸時代末期に、斎藤実盛に関連して「今ならば実盛も買う美玄香」という川柳がある。　これは江戸時代末期に普及した白髪染め用カラー剤「美玄香（びげんこう）」なら、簡単に色落ちしないので、戦に出る前の実盛も買っただろうにと、川柳作者が詠んだもの。このことから、記録に残っている日本で最初にヘアカラーにチャレンジした人物は斉藤実盛であり、最初のヘアカラー剤（白髪染め用）は江戸時代末期には登場した「美玄香」であることがわかる。

「美玄香」は、現在の分類でいえば金属染毛剤で、「お歯黒」の原理が応用されたものと推測される。タンニン酸と鉄分でつくった色料を毛髪につけて、10時間ほど放置して染めるもので、この方式の白髪染めカラー剤は明治時代の半ばまで使用されていたという。この他にも江戸時代末期に、白髪を黒くし光沢を出す薬の伝として、ザクロの皮を煎じて塗る方法、クワの白木根を生油で煮詰めて塗る方法などが紹介されている。

現在の酸化剤の原型は19世紀末に誕生

ヘアカラーは、旧石器時代に儀式の際に樹木の汁を使ったことが起源といわれる。紀元前3500年頃には古代エジプトでヘナやインディゴが使用され、イスラム教の開祖マホメットが、ヘナを使用して自分のアゴヒゲを染めていたという伝説も残っている。

古代中国では、茶葉の抽出物と鉄で黒染めを行った。古代ローマの貴婦人達はブロンド（金髪）願望が強く、明ばん、生石灰、天然ソーダ等に古いブドウ酒を加えて水に溶かしたものを"ブロンド化粧水"として愛用し、一晩あるいは数日間も放置した記録が残っている。もちろん、毛髪をひどく傷めたようである。

いずれにしても、現在のような近代的なヘアカラー剤が登場するのは19世紀になってから。過酸化水素が1818年に、パラフェニレンジアミンは1863年にそれぞれ発見され、19世紀後半には、過酸化水素との組み合わせによる製品の製造が行われるようになっている。

1990年代の"茶髪ブーム"が
ヘアカラーの日常化のきっかけに

日本で最初の酸化染料による染毛剤が発売されたのは、明治38（1905年）。パラフェニレンジアミンのアルカリ溶液を頭髪に塗り、空気酸化で約2時間かけて髪を染めた。しかし、「お歯黒」を利用した10時間の染毛に比べて、飛躍的に時間が短縮された。

大正時代に入り、パラフェニレンジアミンを過酸化水素で酸化することが提案され、現在の酸化染毛剤の原型ができた。大正７年（1918年）には、パラフェニレンジアミン粉末一包、のり粉一包、及び過酸化水素水一壜の3剤タイプの白髪染めが発売され、染毛時間は一気に30分に短縮された。

第２次世界大戦を経て昭和30年初頭には、日本独特の製剤形態である粉末一剤タイプの染毛剤が発売された。これは粉末状の酸化染料、糊料、及び酸化剤を一壜中に入れたものであり、昭和40年代に登場するシャンプー式ヘアカラーと並んで、家庭用染毛剤の中心となった。

昭和40年代（1965〜1975年）、経済の高度成長に入ると生活が豊かになり、髪に対する意識も高まった。従来の白髪染めに対して、若い女性も対象とした黒髪を明るく染める"おしゃれ染め"が登場。しかし手入れやダメージの問題、ヘアカラー＝不良イメージなどにより、大きく進展することはなかった。

昭和50年代後半（1980〜1990年）には、１剤染料部分と２剤酸化剤部分をそれぞれチューブに詰めたクリームタイプの染毛剤が登場。以降、酸化染毛剤はこのクリームタイプが主流になる。また、昭和60年代（1985〜1989年）に入ると若い女性の間でストレートロングが流行し、酸性染毛料（ヘアマニキュア）が美容室を中心に人気を集めた。

1990年代に若年層を中心に"茶髪ブーム"が起こり、ヘアカラー市場は右肩上がりで成長。ヘアカラーが年齢性別を問わず日常的・一般的になっていった。平成２年（1990年）のヘアカラー製品の年間総出荷金額は約487億円だが、平成14年（2001年）には総出荷額は約1,114億円となり、シャンプーを抜いて頭髪化粧品の首位に立った。この年をピークに緩やかな下降傾向にあったが、平成20年以降は比較的安定し、現在まで年間950億円前後を推移している。

Chapter 4

レベルスケールと色の基礎知識

レベルスケールとアンダートーン

黒髪をブリーチして毛髪中のメラニン色素を分解流出させたときに現れる髪の色調が「アンダートーン」です。この色調段階を数値化したものが「アンダーレベル」、これを計測するための毛束見本を「レベルスケール」と言います。このレベルスケールは、日本ヘアカラー協会が2000年４月に制作・発表したものです。ヘアカラーのプロフェッショナルが使用する“共通言語”として使用してください。
日本人の場合、バージン毛の明度は３レベル～５レベルに集中しています。３レベル以下の髪は「カラスの濡れ羽色」や「ブルーブラック」と呼ばれる青味を感じる黒髪です。ただし食生活やライフスタイルの変化で、最近の日本人のバージン毛の明度は高くなる傾向があり、６レベルのバージン毛も珍しくはなくなりました。

レッド味を感じるエリア

低明度域

バージン毛か、それに近い状態。黒髪に赤味を感じる領域です。６レベル以上はカラリングした毛髪である場合がほとんどです。この領域はメラニン色素があまり分解流出していない状態なので、暖色系の発色は比較的容易ですが、寒色系はブラウン味のある沈んで濁った発色になりがちです。

レッドオレンジ味を感じるエリア

中明度域

赤味の色素の分解流出がはじまり、彩度の高いイエローの色素が残っているため、オレンジ味を感じます。「赤味のあるオレンジ味」＝「ブラウン味」でもあり、いわゆる「ナチュラルカラー」と呼ばれる領域です。

アンダートーン
ブリーチにより毛髪中のメラニン色素が分解流出したときに現れる髪の色調

アンダーレベル
ブリーチして現れた髪の色調を段階別に数値化したもの

レベルスケール
アンダーレベルを計測するための毛束見本のツール

アンダーカラー
アンダートーンにヘアカラー剤の色素(ティント)が乗った状態

10 レベル　11 レベル　12 レベル　13 レベル　14 レベル　15 レベル

オレンジ味を感じるエリア　イエローオレンジ味を感じるエリア　イエロー味を感じるエリア

高明度域

レベルが高くなるほど赤味も感じられなくなり、イエロー味がでてきます。13レベルを境にして、オレンジ味からイエロー味がベースとなってきます。暖色系の色味は発色しにくくなり、色素補正が必要となります。逆に、寒色系の色味は発色しやすくなります。

アンダートーンと発色の関係

毛髪の明度によってヘアカラー剤の発色は変化します。基本的には、明度が高くなるほどカラー剤の色味をそのまま反映していきますが、グレイヘア（白髪）以外は、髪の持つ色（アンダートーン）の影響を必ず受けることを理解しておきましょう。また、暖色系は低明度でも色味を感じることができますが、寒色系は色味をほとんど感じることができません。もちろん、ブリーチをしていない黒髪（4レベル以下）も色味はほとんど感じられません。

※使用薬剤はすべて8レベル・オキシ4%

アルカリカラーの褪色プロセス

アルカリカラー（酸化染毛剤）は、「薬機法（旧・薬事法）」上では「永久染毛剤」に区分されています。ただし、この「永久」の持続期間は１か月～３か月とされており、施術後、３か月後には褪色によってヘアカラーの効果がほとんど感じられなくなります。
厳密にいえば、施術の直後から褪色は始まっています。ただしその速度は髪質や日常のケア、あるいはライフスタイルなどによって異なります。ヘアカラー毛に適したシャンプー剤やトリートメント剤を使用するかどうかでも違ってきます。屋外で多くの時間を過ごすことが多く、紫外線を浴びる時間が長いといった場合には、褪色のスピードが進むと考えられます。
今回は、暖色系（レッド系９レベル）と寒色系（アッシュ系９レベル）の毛束を例に、施術直後から３か月後までの褪色具合をみています。時間の経過に沿って色はどう変化していくのかを把握してください。

※イエロー～レッドの暖色系の色は酸化重合した分子が小さく、シャンプーなどによって毛髪から抜け出やすい傾向があります。それに対してブルー～グリーンの寒色系の色は分子が大きく、毛髪から抜け出にくい傾向があります。ただし、染料の流出だけでなく、熱や紫外線などの影響によって染料の分子が分解するなどの要因で、褪色のスピードは大きく異なります。

	施術直後	２週間後	１か月後	２か月後	３か月後
暖色系（レッド系９レベル）					
寒色系（アッシュ系９レベル）					

グレイカラースケール

実際の現場では、グレイカラーの比率のほうがファッションカラーより高い、というサロンが多いと思います。この先の高齢化社会と女性のニーズの変化を鑑みても、グレイカラーは今後ますます高いスキルを要求されることになるでしょう。対応していくためには白髪の比率を把握し、グレイカラー剤との関係を理解しておく必要があります。

白髪とは？

白髪はメラニン色素が減少することによって発生します。原因は正確には分かっていませんが、老化現象の一つであると考えられています。白髪は個人差が大きく、発生する部位も異なります。一般的には、フロント、トップ、フェイスラインに密集していることが多いようです。メラニン色素のない白髪は、ヘアカラー剤の色味をそのまま反映します。

ファッションカラー剤とグレイカラー剤の違いは？

アルカリカラー剤（酸化染毛剤）は、一般的にファッションカラー剤とグレイカラー剤に分けられています。ファッションカラー剤は、明度に幅があり、彩度の高い色味が多く、メラニン色素を削るためのブリーチ力が必要です。それに対してグレイカラー剤は、白髪をしっかり染めるためにブラウン系の色素が（ファッション剤に比べて）多く入り、彩度の低い深みがある色調、色幅が狭いのが特徴です。ブリーチ力もほとんどありません。ただし、ファッショングレイカラー剤など、明るめのグレイ剤にはブリーチ力が必要であり、染料も工夫がなされています。
一般的なグレイ剤は、白髪率30〜40%を基準に作られています。そのため、白髪の割合が10〜20%程度の髪に使用すると、製品表示レベルよりも暗めになり、逆に白髪率50%以上に使用すると、明るめに仕上がりがちです。通常のグレイカラーは（100%白髪の状態でない限り）発色条件が異なる髪（黒髪や一部のみ白髪）を一緒に施術することになるので、白髪の割合を10%ごとに正確に把握していることが大切です。

光源による色の見え方

ヘアカラーは光線の条件によって、色や明るさが変わって見えます。そのため室内ではちょうどよく思えたのに、屋外で見たときに明る過ぎて驚いた、などということが起きがちです。この差を把握した上で明度や色味は選択しなければなりません。撮影であればライティングの影響も大きいので、光源と色の見え方の基本的な関係は必ず覚えておきましょう。

白熱灯

自然光（太陽光）

蛍光灯

すべての色は、光源によって見え方が変化します。ヘアカラー毛も同様です。自然の太陽光線の下と、屋内の蛍光灯の下では、肌の色、髪の色、洋服の色が違って見えますし、同じ太陽光線でも、朝の光、夕方の光では違います。屋外で写真撮影や映像撮影をすると、朝は青味がかった色に見えるのに比べて、夕方は赤味が強くなることが分かるでしょう。ただし人間の目というのは、このような変化を補正して見るようにできています。そのために、肉眼ではそれほどの変化を感じません。写真や映像になった時にはっきり違って見えるのはそのためです。

上の写真は光源の違いによる見え方を表したものです。同じ1枚の写真ですが、光源が変わると、実際にこのような色の変化が起きます。まるでフィルターをかけたように感じると思います。肉眼ではさほど分からなくても、補正をかけていないカメラでは、このように色が違って写るのです。

このことをしっかりと理解した上で、ヘアカラーの施術やカウンセリングを行うようにしましょう。室内の蛍光灯の下ではそれほどでもなかったのに、外に出たらびっくりするほど派手な色だった、というようなことは避けなければなりません。

ヘアカラーが社会に浸透した1990年代以降、サロンの照明の考え方は大きく進化しています。天窓を付けたり窓を大きくするなど、できるだけ自然光を取り入れる工夫がなされるようになりました。また、自然光に近い光を出す照明器具や、様々な光源でヘアカラーの変化を確認できる器具を備えるサロンもあります。

ヘアカラーには、ヘアカラー剤の選択や毛髪の条件だけでなく、光源による見え方に変化があることを理解しておきましょう。

色の知識

加法混色と減法混色

色には、光や映像などに使われる「色光の三原色」と、絵具や印刷などに使われる「色材の三原色」の２つがあります。光の混色を「加法混色」、色材の混色を「減法混色」と呼び、ヘアカラーは絵具と同じ、「減法混色」になります。

［加法混色］

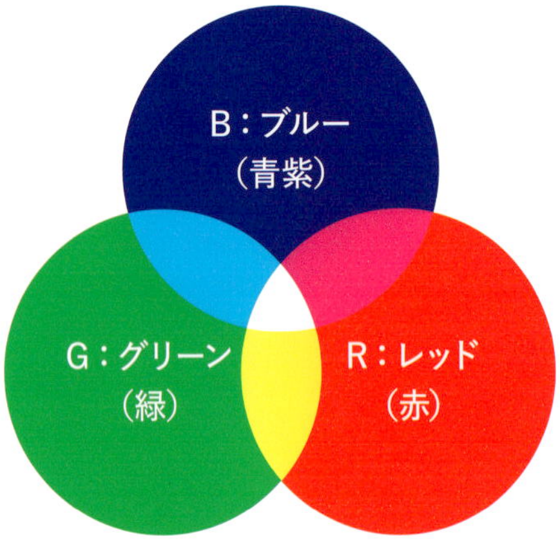

加法混色（光の混色）では、RとGを混ぜると黄が、GとBを混ぜると青緑が、BとRを混ぜると赤紫が、それぞれ作り出されます。加法混色は色を混ぜ合わせると明るくなり、光の三原色を等分に混ぜると白色光（白＝ホワイト）になる、という特徴があります。ちなみに、テレビやパソコンのディスプレイはこの加法混色を利用しています。

［減法混色］

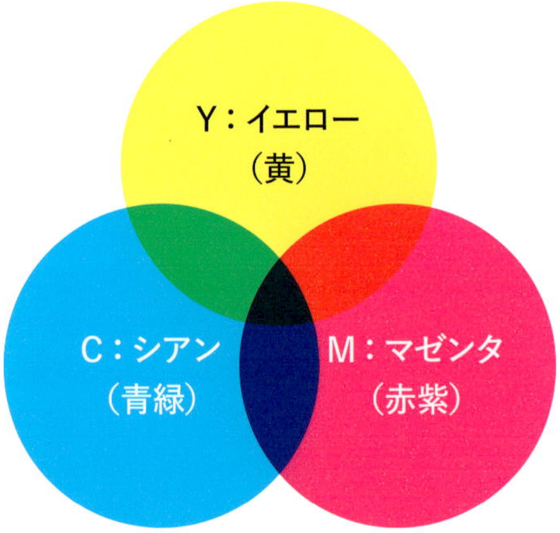

減法混色（色剤の混色）では、MとCを混ぜるとブルー、CとYを混ぜると緑、YとMを混ぜると赤が、それぞれ作り出されます。減法混色は色を混ぜるほど暗くなり、三原色を等分に混ぜるとブラック（黒）になるという特徴があります。ちなみにヘアカラー剤などはこの減法混色を利用しています。

色相環（カラーサークル）

シアン（青緑）、マゼンタ（赤紫）、イエロー（黄）、の三原色をそれぞれ混ぜることで６色が作り出せます。その６色をさらに混ぜ合わせることで、12色作り出せます。このように色同士を混ぜ合わせていったものが色相環（カラーサークル）です。

［10色相環］
赤、橙、黄、黄緑、緑、青緑、青、青紫、紫、赤紫の10色に分類したもの

［20色相環］

色相環と補色（反対色）

色相環（カラーサークル）はマゼンタ、イエロー、シアンの三原色を等間隔に配置して、その間の色相の変化を表しています。色相環にはいくつか種類がありますが、ここでは代表的な「マンセルの色相環（20色）」を例に見ていきましょう。
色相環で向かい合った色を、その色の補色（反対色）と呼びます。例えば赤と青緑はそれぞれの補色関係にあります。補色は色相差が最も大きいので、お互いの色を目立たせる効果があり、赤と緑、青と橙色などの補色配色は非常に目立ちます。また補色同士の２色を混ぜるとグレイ～黒（無彩色）となり、お互いの特徴を打ち消します。

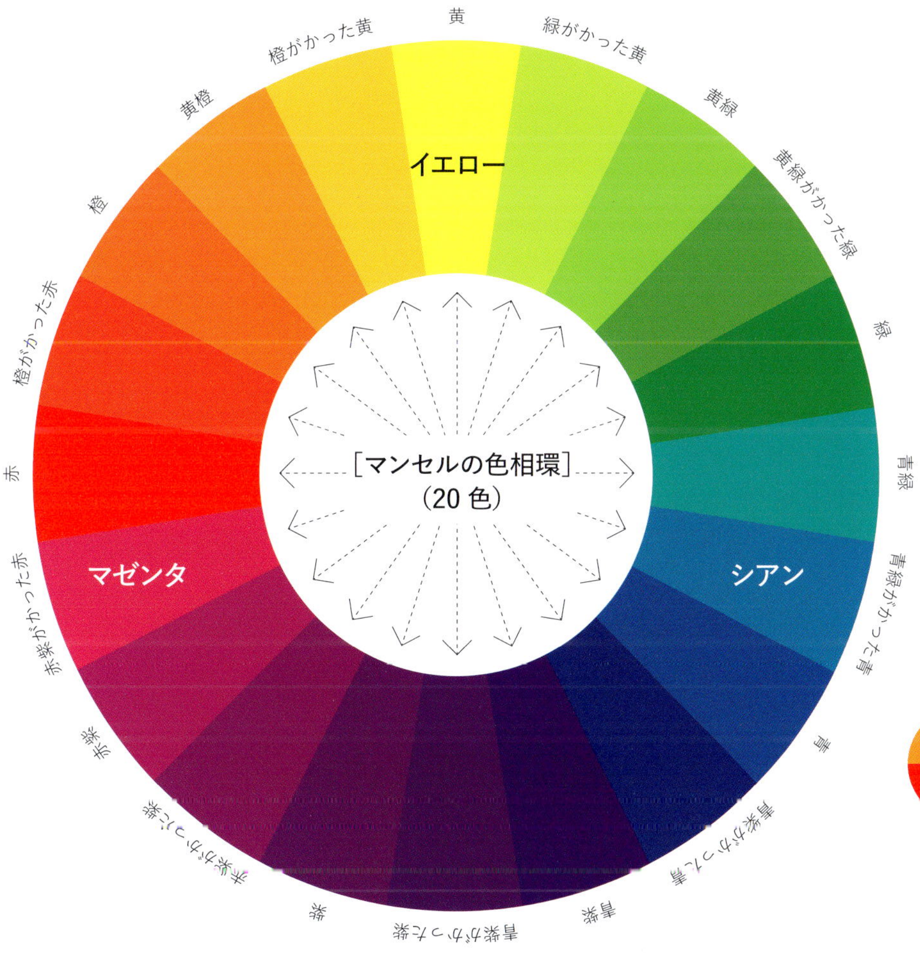

［補色関係の色］

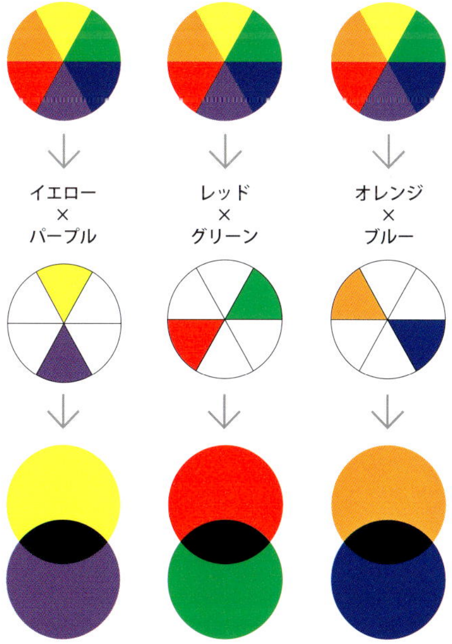

補色の関係を覚えておくことは、実際のヘアカラー施術に非常に有効です。例えばカラーチェンジをする際にも、脱染剤で色素を削るのではなく補色で打ち消す、というレシピが組めるからです。例えば、赤味が強すぎる場合には、補色の緑で赤味を抑えることができます。そうすれば必要以上にダメージを進行させることなく、ヘアカラー施術を行うことが可能になります。

色の知識

色の3属性

色は、見分ける上で基本となる要素として「色相」「明度」「彩度」という３つの属性があります。また「有彩色」と「無彩色」にも分けられます。

色相
Hue of Color

赤、青、黄といった色味のこと。色相環は、明度や彩度を一定にして、この色相だけを変化させたもの。

明度
Value / Lightness

明るさの度合い。明度が高くなるほど明るく白くなり、低くなると暗く黒くなる。グレイスケールはこの明度だけでできており、白〜グレイ〜黒までのスケール。

彩度
Chroma

鮮やかさの度合いで、色の強さや弱さを表す。彩度が高いほど鮮やかで強くなり、低いほどグレイがかって弱くなる。

有彩色
Chromatic Color
無彩色
Achromatic color

赤、青、黄といった色味を持つ色が有彩色、色味がない黒、白、グレイが無彩色。

マンセルの色立体

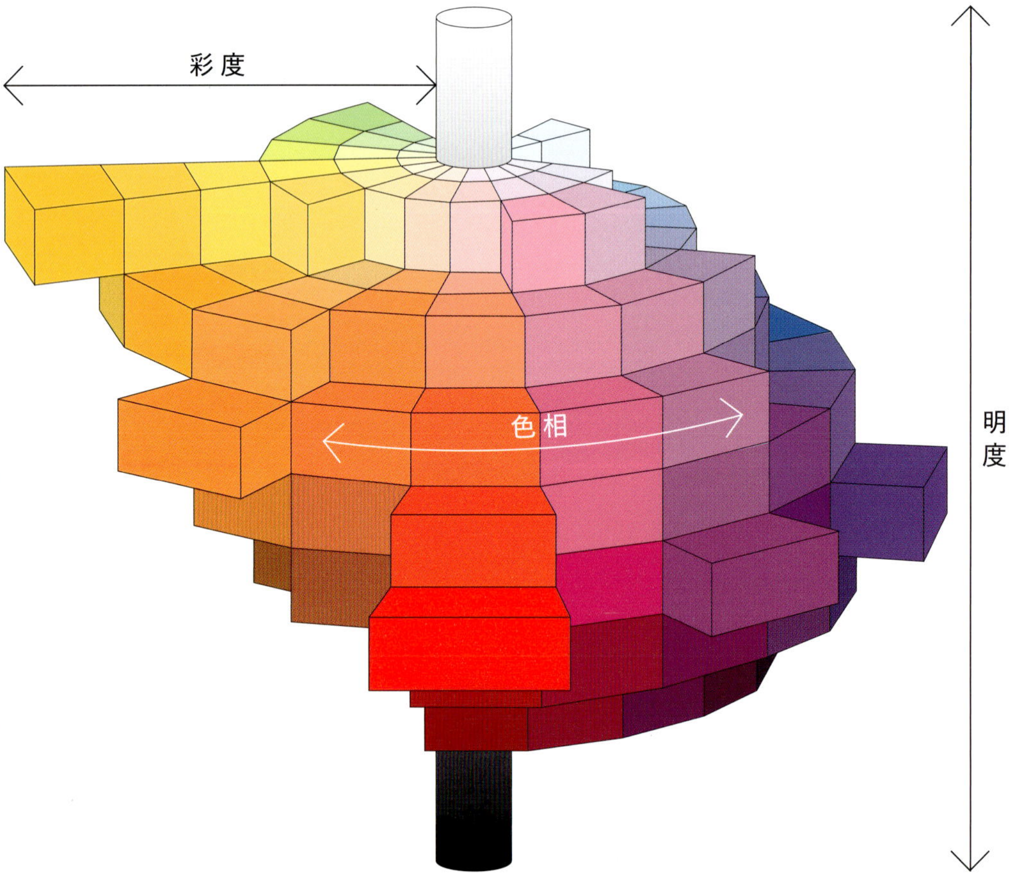

色の３属性である「色相」「明度」「彩度」を関係づけて立体的に整理すると、このような図になります（マンセルの色立体）。中心軸は無彩色N（Neutral／ニュートラル）で、白を頂点に明度順にグレイ〜黒へと移行します。色調は各明度から各色相ごとに、彩度の段階に合わせて外に放射状に伸びています。この図から、もっとも彩度が高く、その色らしさが出てくる位置は、色によってそれぞれ異なることが分かると思います。

トーン（色の調子）

トーンとは、色の明度と彩度の組み合わせでできる「色の調子」のことです。トーンの中には「純色」と呼ばれる鮮やかな色、「清色」と呼ばれる濁りのない色、中間色（濁色）と呼ばれる純色にグレイを加えた濁った色、無彩色と呼ばれる色の無い色（黒・白・グレイ）などのカテゴリーがあり、この組み合わせ方次第で「明るい」「暗い」「鮮やか」「くすんだ」「淡い」「深い」といった様々な色のトーンを作り出すことができます。例えば、彩度が高い純色の赤はビビッドですが、明度が高くなるとペールピンクに近づき、低くなるとディープなダークレッド、濁りを加えればグレイッシュな赤へと変化していきます。

図を見てみると、彩度は中明度でもっともバリエーションがつきますが、低明度では鮮やかな色は出にくく、高明度では深みがある色が出せないなどといった特徴が分かると思います。つまり彩度のコントロールは明度に大きく影響されるということです。実際のカラー施術においても、求める色や印象を作るためにはトーンの理解が必要不可欠です。

色の対比

人は物を見る際に、その物の色だけを見ているわけではなく、周囲の色情報を同時に認識しています。そのため、隣合う色によって同色でも違った印象になるのです。ここでは「明度」「色相」「彩度」「補色」「肌」「面積」の６つの対比から色の効果をみていきます。

明度対比

どっちのシマ模様が明るく見える？

［ヘアカラーの明度対比］

２頭のシマウマはどちらもグレイのシマが入っていますが、黒地のほうが、明るいグレイに見えます。しかしこれはどちらも同色のグレイ。隣にくる色が暗いと明るく見え、反対に明るいと暗く見えることを「明度対比」と言います。

［ヘアカラーの効果］　どちらも同じ明度のハイライトを入れていますが、左の暗いベースのハイライトのほうが明るく見えるはず。隣合わさる色同士の明度差が大きければ大きいほど、この傾向は強くなるので、ハイライトを目立たせたいのか、なじませたいのか、などで選択をしていきます。

色相対比

赤みが強い窓はどっち？

［ヘアカラーの色相対比］

２つの家を比べると、黄色い家の窓のほうが、赤い家の窓より赤味を強く感じます。実はどちらも同じ色ですが、左は隣合う黄色に引っ張られて、違った色に見えるのです。このように隣の色の色相に影響されることを「色相対比」と言います。

［ヘアカラーの効果］　同じオレンジのハイライトを入れているのですが、イエローがベースの左はハイライトの赤味が強く、ベースが同系色の右はハイライトが黄味がかって、感じます。このようにベース色の色味によって、ハイライトの効果が変わるので、 その組み合わせ方には注意しましょう。

彩度対比

どちらの帯の色が鮮やかに見える?

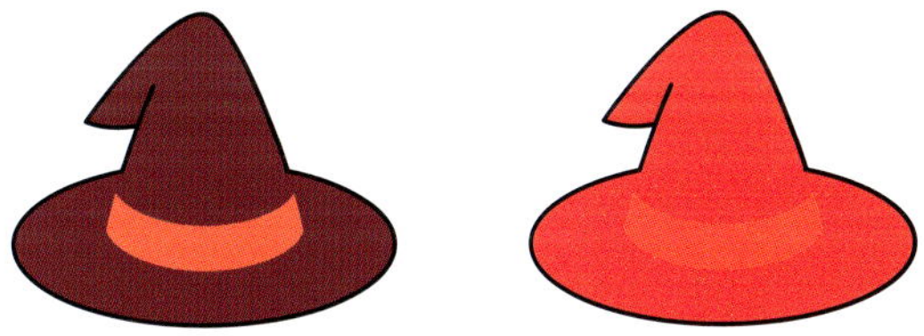

[ヘアカラーの彩度対比]

実は帯はどちらも同じ色なのですが、鮮やかに見えるのは、左の茶色い帽子のほうだと思います。逆に帽子自体が鮮やかな赤の右は、帯が沈んで見えます。このように隣にくる色の彩度の影響で色が変わって見えることを「彩度対比」と言います。

[ヘアカラーの効果]　左のハイライトのほうが鮮やかに見えるのは、ベースがくすんだ色だから。左のようにベース自体が鮮やかな色だと、ハイライトがくすんで見えます。この関係性を理解してベースとハイライト色を組み合わせないと「思ったよりハイライトが目立ってしまった!」などということになります。

補色対比

より目を引く組み合わせはどちら?

[ヘアカラーの補色対比]

パッと目を引くのは右の紫と黄色の組みわせではないでしょうか?　これは色相環(P.101)でいえば最も遠い色=補色の関係にある色の組み合わせだからです。補色の組み合わせで強いコントラストが生まれることを「補色対比」と言います。

[ヘアカラーの効果]　同じハイライトでも左はベースとハイライトが補色関係にあるので、大変目立つ印象です。逆に同系色の右は、高明度同士でもあってもなじんだ感じになっています。ハイライトを目立たせたいのか、なじませたいのかによって、ベースとハイライトの色調を考えましょう。

色の対比

肌色対比

はっきりとクリアに見える肌色は？

［ヘアカラーの肌色対比］

２匹のサルを比べると、左側が肌色がくすんでぼやけて見えると思います。逆に右の濃い輪郭のほうが、肌ははっきりとクリアな印象です。これを「肌色対比」といい、周りにくる色味によって肌がくすんだり、きれいに見えたりすることを指します。

［ヘアカラーの効果］　高明度のカラーをした左のほうは肌色がくすんで見えるのに対し、低明度の右のほうは肌がクリアで色白に見えます。ただし肌色の見え方は明度だけで変わるのではなく、色調や彩度などでも変化していくので、「肌色をきれいに見せるカラー」は総合的に判断していく必要があります。

面積対比

シマが多い、少ない、どちらが明るく見える？

［ヘアカラーの面積対比］

シマの数が多い猫と少ない猫では、多い方が明るく見えます。どちらも同じ色の組み合わせですが、明るさの印象が違います。このように明るい色と暗い色の面積の違いによって起こる「全体の明るさや色調の変化」を「面積対比」と言います。

［ヘアカラーの効果］　ハイライトの数を少、中、多の３種類で見てみます。多い方は全体の明度が上がって見えますね。フルウイービングなどで明度が上がった印象にするのは、この面積対比の考え方を利用しています。入れる量によって全体の明度と色調にどんな影響が出るのかを把握しておきましょう。

パーソナルカラーの基礎知識

「パーソナルカラー」とは、生まれつき持っている肌や目、髪の色と調和し、その人にもっとも「似合う色」のこと。これを探すために「パーソナルカラー診断」があり、この診断で4つのシーズンカラーにタイプを分類します。この4シーズンのパーソナルカラーの知識があると①服やメイク、ヘアカラーにおける「似合う色」が分かる　②肌色が良く見え、生き生きと若々しい印象になる。華やかさが増す　などのメリットがあります。

アンダートーンと4シーズンカラー

図1_ アンダートーンと4シーズンカラーの関係

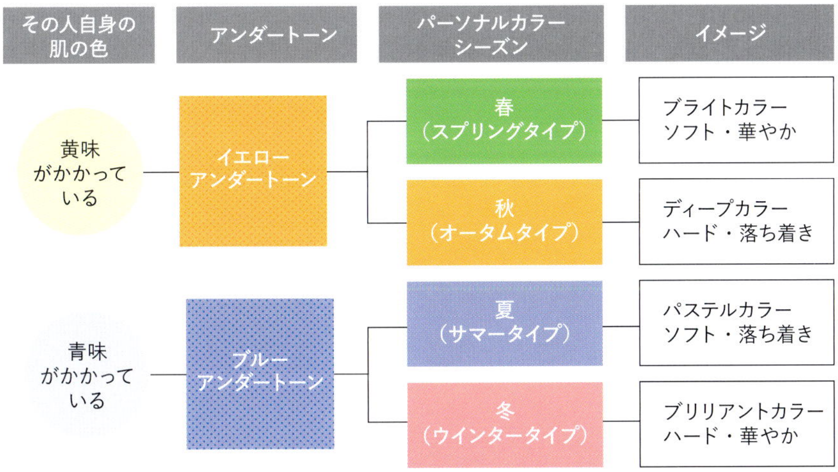

パーソナルカラーでは、初めに大きく2タイプに分類。まず、その人の肌に「ブルーが多く含まれる」「イエローが多く含まれる」かでタイプを分けます。ブルーが多ければ「ブルーアンダートーンベース」、イエローが多ければ「イエローアンダートーンベース」と呼びます（図1参照）。
さらにここから、4つのシーズンカラーに分けます。「ブルーアンダートーン」の中でも鮮やかでビビットな色が映えるタイプは「冬（ウインター）」、白を含んだパステルや優しく上品な色調が似合うなら「夏（サマー）」タイプ。「イエローアンダートーン」の中で明るく温かみのある色がフィットするなら「春（スプリング）」、落ち着いた深い色調が似合う人は「秋（オータム）」と分類します。
この4つのシーズンカラーには、それぞれ色調の特徴があります（図2参照）。特にトップス（服）、ヘアカラー、メイクの色をパーソナルカラーに調和させることによって、その人に似合う（肌色が良く見える、生き生きと見える）色を選ぶことができるようになります。

図2_4シーズンカラーの色の特徴

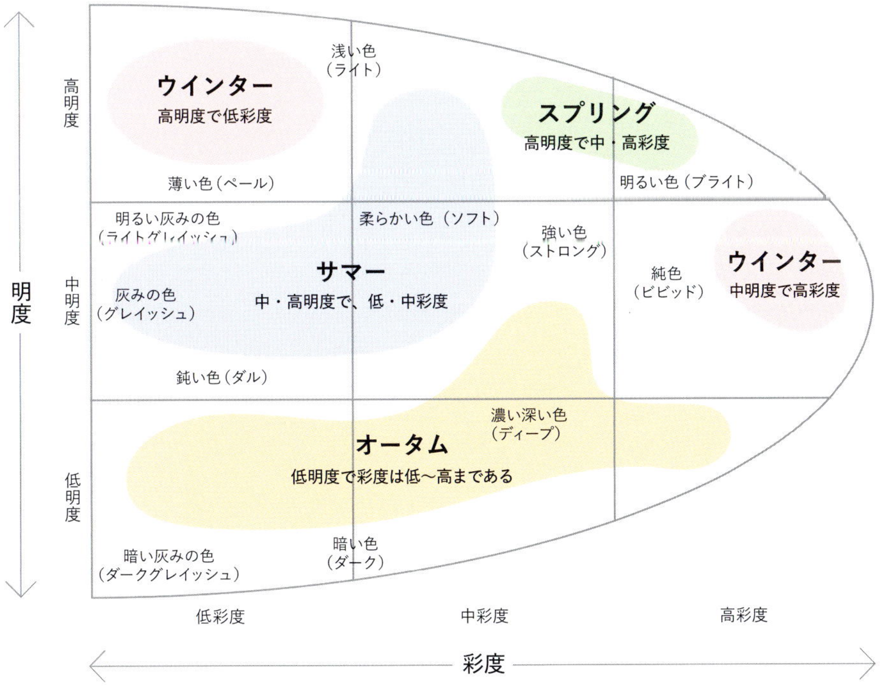

スプリングタイプ（イエローアンダートーン）

ブライトなイエローを含んだ、明るく温かみがあり、楽しい色。春の花々や新緑のすがすがしい緑などをイメージ。

オータムタイプ（イエローアンダートーン）

深いイエローやゴールドを含んだ、落ち着きと深みのある色。秋の紅葉した山々に見られるような色調。

サマータイプ（ブルーアンダートーン）

少しブルーやグレイを含んだ、優しくて上品なパステル色。夏の強い日差しで白っぽく見えるような色調など。

ウインタータイプ

ブルーを含んだ彩度の高い鮮やかな色。もしくは無彩色の白・黒・グレイ。または氷のように冷たく淡い色。

パーソナルカラーの基礎知識

4シーズンカラー・タイプ別の似合う色

イエローアンダーベース

SPRING スプリング（春）タイプ

ベストカラー

スカーレット　ライトオレンジ　アプリコット　コーラルレッド　ウォームパステルピンク　オレンジレッド

クリアブライトウォームピンク　ライトトゥルーブルー　ライトクリアネービー　ライトペリウィンクル　ターコイズブルー　クリアブライトアクア

マラカイトグリーン　グリーン　アップルグリーン　イエローグリーン　パステルイエローグリーン　キャメル

ライトクリアゴールド　卵色　イエロー　クリームイエロー　アイボリー　ゴールデンブラウン

チェスナットブラウン　栗色　ライトブロンズ　カーキー　イエローオーカー

外見的な特徴と似合う色

髪は明るいブラウンで柔らかい。瞳も明るいブラウンでキラキラと輝いている。肌は透明感があり、朗らかで若々しくキュートな印象。明るく澄んだ色が似合う。逆にくすんだ色は不健康に見えがちなので注意。

似合うメイクアップ

ファンデーション………… 黄味がかったベージュ
アイシャドー……………… ライトブラウン　イエローベージュ
リップ＆チーク…………… コーラルピンク　オレンジレッド

似合うアクセサリー

ゴールド、珊瑚、ターコイズ、ダイヤモンド、イエローサファイア

AUTUMN オータム（秋）タイプ

ベストカラー

ラスト　ディープキャメル　パンプキン　テラコッタ　キャロットオレンジ　オレンジ

サーモンピンク　ディープバイオレット　すみれ色　ティールブルー　ホリゾンブルー　ピーコックブルー

ターコイズブルー　オリーブグリーン　モスグリーン　イエローグリーン　ライムグリーン　マンダリンオレンジ

マリーゴールド　ゴールデンイエロー　マスタード　オイスターホワイト　ダークチョコレートブラウン　ブロンズ

コーヒーブラウン　ビタースイートレッド　ダークトマトレッド　ライトウォームベージュ

外見的な特徴と似合う色

マットで陶器のような肌質で、明るめ〜暗めまで肌色は様々。頬や唇の赤味が少なく、髪や瞳は黄味がかったダークブラウン。大人っぽく落ち着いた雰囲気で、深みのある暖かな色が似合う。パステルカラーはぼやけた印象になりがち。

似合うメイクアップ

ファンデーション………… オークル系
アイシャドー……………… モスグリーン　カーキ
リップ＆チーク…………… サーモンピンク　オレンジ

似合うアクセサリー

ゴールド、オパール、こはく、珊瑚

イエロータイプに似合うヘアカラーの一例

ベースカラー……………… チョコレートブラウン　コーヒーブラウン　コーラルピンクブラウン　トマトレッド　オレンジレッド　ゴールド　オレンジ　オリーブグリーン　モスグリーン

ナチュラルハイライト………… チェスナット　キャメル　サーモンピンク　マスタード　ライムグリーン

ブリーチハイライト………… ライトウォームベージュ　ライトクリアゴールド　アイボリー　ライトイエローグリーン

ブルーアンダーベース

SUMMER サマー（夏）タイプ

ベストカラー

レッド、ローズレッド、ラズベリーレッド、オーキッド、ライラック、ローズピンク、モーブ、スカイブルー、グレーブルー、チャコールブルーグレー、パステルアクア、ベビーブルー、パウダーブルー、ラベンダー、ネイビーブルー、ミディアムブルー、ウイスタリア、ブルーグリーン、パステルブルーグリーン、パン、ミントグリーン、ライトレモンイエロー、ソフトホワイト、ローズベージュ、バーガンディ、ローズブラウン、ココアブラウン、アッシュベージュ、ライトブルーグレー

外見的な特徴と似合う色

髪はソフトな明るいブラウンや軽さのあるローズブラウン。瞳は黒に近いダークブラウンやローズブラウンでソフトな印象。色白でピンクがかった肌の人が多い。エレガントで上品な雰囲気があり、優しいパステルが似合う。濃い＆派手な色は顔色をくすませがちなので、顔周りに取り入れない方が無難。

似合うメイクアップ

ファンデーション……… ピンクベージュ
アイシャドー…………… ラベンダー、ローズブラウン
リップ＆チーク………… ローズピンク、レッド、ローズレッド

似合うアクセサリー

シルバー、プラチナ、ガーネット、サファイア、翡翠、アメジスト

WINTER ウィンター（冬）タイプ

ベストカラー

マルーン、ワインレッド、ブルーレッド、ローズ、ピンク、チェリーピンク、パープル、トゥルーブルー、アイシーアクア、アイシーブルー、ネービーブルー、ウルトラマリンブルー、ロイヤルブルー、マリンブルー、ターコイズブルー、チャイニーズブルー、エメラルドグリーン、ビリジアン、パイングリーン、チャコールグレー、レモンイエロー、アイシーピンク、ピュアホワイト、アイシーバイオレット、ブラック、ロイヤルパープル、グレイ、アッシュグレイ、パールグレイ

外見的な特徴と似合う色

髪はつややかな黒で、瞳は黒に近いダークブラウン。白目とのコントラストがある。肌色は色白かダークトーンにはっきり分かれ、はっきりした顔立ちが特徴。モダンでシャープな印象なので、はっきりした鮮やかな色や無彩色が似合う。黄や茶系は老けて見えがち。

似合うメイクアップ

ファンデーション……… 黄味の少ないベージュ
アイシャドー…………… ブルーグレー、パープル
リップ＆チーク………… ワインレッド、ローズ、ピンク

似合うアクセサリー

シルバー、プラチナ、パール、ルビー、ラピスラズリ

ブルータイプに似合うヘアカラーの一例

ベースカラー………… バイオレット、パープル、プラム、ピンクブラウン、ブルーレッド、ラズベリーレッド、アッシュ、モノトーン、ブルーグリーン

ナチュラルハイライト………… ラベンダー、ローズブラウン、パウダーピンク、ココア、アッシュベージュ

ブリーチハイライト………… ライトベージュ、ライトグレーベージュ、ライトブルーグレー、ライトローズベージュ

Chapter 5

ヘアカラーの基礎用語集

HAIR COLOR FOR BEGINNERS

カラーの基礎用語集

ア

アクセントカラー

①ヘアカラーデザインでは、ホイルワーク等でアクセント的に配置する色、強調色。
②ヘアカラー剤では、赤や黄の純色など彩度が非常に高い色のカラー剤。

アシッドカラー

酸性ヘアカラーのこと。
⇒ ヘアマニキュア

アッシュ

色の表現としては「灰色」を意味する。同じ灰色のグレイと混同しがちだが、グレイは無彩色で、アッシュはカラードグレイ（ねずみ色、鉛色）。ヘアカラーにおけるアッシュ系薬剤は、青から青紫色の色味を持つ。これは（日本人の）毛髪を脱色したときに現れる色が、黄色からオレンジ味のブラウンであるために、これらの色を打ち消す補色となる青から青紫系の色が必要となるため。

後処理（あとしょり）

ヘアカラーやパーマの施術後に行うヘアケア処理のこと。毛髪の損傷を最小限に防ぐことや、効果の持続性を高めることを目的に行う。一般的には、髪のpHを施術前の状態に近づける中和処理やヘアカラーの褪色を防止する成分、毛髪の損傷を補修する成分、毛髪に栄養を与える成分を施すヘアケア処理操作をいう。
⇒ 前処理

アニオン界面活性剤

（アニオンかいめんかっせいざい）

陰イオン界面活性剤とも呼ばれる。界面活性剤の1種で、水に溶けたときに親水基がマイナスイオン（アニオン、陰イオン）に解離するもの。アニオン界面活性剤は、さらに高級アルコール系、アミノ酸系、石鹸系などに分類される。他の種類の界面活性剤と比べると起泡性や洗浄性に優れ、頭髪化粧品ではシャンプー剤の主成分として多く使用される。ヘアカラー剤やパーマ剤においても、クリームやローションの乳化剤として使用される場合がある。
⇒ 界面活性剤

アフターシャンプー

ヘアカラーの施術後に行うシャンプーのこと。目的は髪や頭皮についたヘアカラー薬剤を洗い落とすこと。特に毛髪表面に染料が残ってしまうと、色落ちにより、衣服や枕カバー汚れなどの問題を起こすことがあるので、十分な洗浄が必要である。ただし、染毛直後は頭皮が敏感になっているので、マイルドなシャンプー剤で、頭皮に配慮することも重要。

亜メラニン（あメラニン）

⇒ フェオメラニン

アルカリ

塩基（アルカリ性物質、アルカリ剤）またはアルカリ性を意味する。水に溶かしたときに水酸化物イオン（OH^-）を生じ、pHが7～14のアルカリ性を示す化合物をアルカリ性物質またはアルカリ剤と呼ぶ。アルカリ性のことをアルカリと呼ぶこともある。アラビア語の kali（灰）に由来する。毛髪は、アルカリ性になると膨潤する。また、アルカリ剤は還元剤や過酸化水素の作用を強める働きを持っているので、パーマやヘアカラーではアルカリ性にすることで、酸性や中性より強い効果を得ることができる。
⇒ アルカリ剤、酸性

アルカリ剤（アルカリざい）

酸を中和したり、薬剤をアルカリ性にするアルカリ性物質。一般的なヘアカラー剤やパーマ剤に配合されている成分である。ヘアカラーにおけるアルカリ剤には2つの作用がある。1つは毛髪を膨潤させることによってキューティクルを開いて、染料や過酸化水素などの有効成分を浸透しやすくする作用。2つ目は、過酸化水素の働きを促進し、染料の重合およびメラニンの脱色を促す作用。
⇒ アルカリ

アルコール

化学的にはOH基を持つ化合物の総称。一般にアルコールといった場合には、エタノール（エチルアルコール）のことを表す。化粧品では、いろいろな成分を溶かすための溶剤として多くの製品に配合されている。

アルミホイル

ウィービングやスライシングなどのテクニックで、分け取った毛束を包みこむときに使用する。カラー剤を塗布したくない部分にはつけずに、目的の部位にだけカラリングするための保護効果とラッピングによる保温作用で染毛促進効果がある。このアルミホイルのほかにヘアカラー用に開発されたサーマルペーパーもある。
⇒ サーマルペーパー

アレルギー

異物が体に侵入した場合に、これを排除しようとする生体の仕組みには免疫と呼ばれるものがある。アレルギーも免疫反応の一部であるが、免疫が働く際に有害な反応を引き起こす場合をアレルギーと呼んでいる。アレルギーを引き起こす物質を抗原やアレルゲンと呼び、アレルギーを引き起こしてしまった場合、その物質に対するアレルギーの体質は一生続くといわれている。アレルギーには花粉やハウスダストなどにより引き起こされるアレルギー性鼻炎や、特定の食物を摂取することでおこる食物アレルギー、漆によるアレルギー性接触皮膚炎などがある。ヘアカラーの染料も、人によってはアレルギー性接触皮膚炎などのアレルギー症状を引き起こす場合がある。

アレルギー性接触皮膚炎

（アレルギーせいせっしょくひふえん）

ある物質に対してアレルギーを引き起こす体質となった場合、その物質が皮膚から侵入すると免疫が反応して皮膚炎を発症する。このような皮膚炎をアレルギー性接触皮膚炎と呼び、その原因物質（抗原、アレルゲン）に対して免疫が反応するような体質になった人にだけ症状が現れ、誰にでも起こり得る一次刺激性接触皮膚炎と区別される。美容の技術では、ヘアカラーの施術が一番このような反応を引き起こす可能性が高い。しかも、施術対象のお客様が頭皮、顔、首筋などにハレモノ、傷、皮膚病があったり、あるいは生理、産前・産後、体調不良の場合などは、さらにアレルギー症状を引き起こしやすくなることがある。アレルギー

ヘアカラーの基礎用語集

性接触皮膚炎と一次刺激性接触皮膚炎をあわせてかぶれと呼ばれる。ヘアカラーにかぶれる体質かどうかを調べるために、ヘアカラー施術前のパッチテストが義務付けられている。

⇒ アレルギー、一次刺激性接触皮膚炎、パッチテスト

アンダーカラー

毛髪を脱色（ブリーチ）していったときに現れてくる、髪自体の色調のこと。髪はブリーチが進むにしたがって、<黒色 → 赤味のブラウン → オレンジ味のブラウン → 黄味のブロンド →ペールイエロー> と変化していく。このときの赤色、オレンジ色、黄色をアンダーカラーという。ただし、前回のヘアカラーで残っている色味も含めてアンダーカラーとする場合もある。

⇒ アンダートーン、アンダーレベル

アンダートーン

脱色色調ともいう。毛髪を脱色（ブリーチ）していったときに現れてくる髪自体の色味と明度のこと。髪を脱色した各段階のアンダートーンが標準化されつつあり、日本ヘアカラー協会やヘアカラー剤各メーカーからレベルスケールとして提供されている。通常、ヘアカラーの仕上がりの色と明るさは、脱色作用によるアンダートーンに、染色作用による色素（ティント）が加わることによって決定される。この脱色作用と染色作用は同時に進行するため、アンダートーンを正確に予測することが重要となる。

⇒ アンダーカラー、アンダーレベル、レベルスケール

アンダーレベル

ブリーチをして、毛髪内部のメラニン色素が分解されて明るくなっていく段階をレベルで表現したもの。日本ヘアカラー協会のレベルスケールは、このアンダーレベルを「レベル5」から「レベル 15」まで全部で 11 段階に分類して作成している。

⇒ アンダーカラー、アンダートーン、レベルスケール

アンモニア

アルカリ剤の1種。無色で刺激臭の強い気体で水に溶けてアルカリ性のアンモニア水となる。通常、原料としては 28 ～ 30%のアンモニアを含む強アンモニア水が用いられる。揮発性で毛髪に残留しにくいため、アルカリ剤としてはヘアカラー剤やパーマ剤に最も一般的に用いられている。

イオン結合

化学結合の一種で、プラスの電荷を持った陽イオンとマイナスの電荷を持った陰イオンとの間の静電引力（クーロン力）による結合。食塩（塩化ナトリウム）は、陽イオンのナトリウムイオンと陰イオンの塩化物イオンがイオン結合している。毛髪のケラチンを構成するアミノ酸も、陽イオンになりやすいアミノ基と、陰イオンになりやすいカルボキシル基を持っており、毛髪内部でイオン結合を形成している。

⇒ 等電点

一次刺激性接触皮膚炎
（いちじしげきせいせっしょくひふえん）

外来の物質が皮膚のバリア機能を越えて、細胞に障害を与えることによって引き起こされる皮膚炎を、一次刺激性接触皮膚炎（刺激性接触皮膚炎）と呼ぶ。アレルギー性接触皮膚炎が特定の体質の人にしか起こらないのに対し、一次刺激性接触皮膚炎は、原因となる物質の濃度や接触時間により、誰にも起こる可能性がある。そのため、ヘアカラー施術前のパッチテストが義務付けられている。

⇒ アレルギー性接触皮膚炎、パッチテスト

一時染毛料（いちじせんもうりょう）

テンポラリーヘアカラーとも呼ばれる。樹脂、油脂、ロウなどを用いて、毛髪表面に顔料（色素）を物理的に固着させるヘアカラー剤。一度のシャンプーで洗い流すことができるので、一時染毛料と呼ばれる。毛髪表面をコーティングするので白髪やブリーチした髪だけでなく、黒髪でも色を出すことができる。欠点は汗や雨で色落ちしやすいことである。剤型はスティック、クレヨン、スプレー、ローション、シャンプー、リンス、パウダーなど多岐にわたる。

⇒ 永久染毛剤、半永久染毛料

医薬品、医療機器等の品質、有効性及び安全性の確保等に関する法律
（いやくひん、いりょうききとうのひんしつ、ゆうこうせいおよびあんぜんせいのかくほとうにかんするほうりつ）

2013 年 11 月 27 日に「薬事法」が大幅改正され、名称も「医薬品、医療機器等の品質、有効性及び安全性の確保等に関する法律」に変更。2014 年 11 月 25 日から施行された。略して「薬機法」「医薬品医療機器等法」などと呼ばれることもある。

医薬品医療機器等法
（いやくひんいりょうききとうほう）

改正薬事法である「医薬品、医療機器等の品質、有効性及び安全性の確保等に関する法律」の通称の1つ。

⇒ 医薬品、医療機器等の品質、有効性及び安全性の確保等に関する法律

医薬部外品（いやくぶがいひん）

薬機法により規定され、次のように定義されている。「人体に対する作用が緩和なものであって器具器械でないもの及びこれらに準ずるもので厚生労働大臣の指定するものをいう」。具体的な製品としては、口中清涼剤、腋臭防止剤、てんか粉類、育毛剤（養毛剤）、除毛剤、染毛剤（脱色・脱染剤）、パーマネントウエーブ用剤、衛生綿類、浴用剤、薬用化粧品（薬用石けんを含む）、薬用歯みがき類、忌避剤、殺虫剤、殺そ剤、ソフトコンタクトレンズ用消毒剤など。薬機法では、半永久染毛料（酸性ヘアカラー、ヘアマニキュアなど）や一時染毛料（カラースプレー、カラーリンスなど）は化粧品に規定される。

⇒ 化粧品

色温度（いろおんど）

光の色を表す方法の1つで、単位は絶対温度K（ケルビン）。高温の物体は光を放射するが、光の色は温度が上がるにしたがって < 赤 → 黄 → 白 → 青 > と変化していく。夜空を眺めたとき、赤く見える星は温度が低く、青く見えるのは温度が高い星である。また、ローソクの赤い炎より、ガスコンロの青い炎の方が温度が高い。色温度はローソクの炎が約 1900K、白熱電球の色は約 2800K、昼間の自然光が約

6500K、晴天の青空が約12000Kである。白熱電球の下で色を見ると、自然光で見たときと比べて赤味を感じるのはこのためである。高演色性蛍光灯は、自然光に近い色温度を持つ照明器具として開発されたもので、髪の色を見るときは高演色性蛍光灯の下で見ないと正しく評価できないので注意が必要。
⇒ 演色性、光源、自然光

色の三属性（いろのさんぞくせい）

色相（hue）、明度（value）、彩度（chroma）の3要素のこと。色相とは、赤、黄、青といった色合い、色味。明度とは明るさや暗さの度合い。彩度とは色味の強弱（鮮やかさ）の度合い。また、色は赤や黄や青などのように色味のある有彩色と白や灰や黒などの色味のない無彩色に分けられる。有彩色は三属性のすべてを持つが、無彩色は明度のみを持つ。色は色相、明度、彩度の3要素を持つので、系統的にまとめると三次元の立体として表される。
⇒ 彩度、色相、明度

インナーカラー

カラリングの際に髪の表面ではなく、内側に色を入れる技法。分け目を変えたり、襟足をアップにしたり、結び方などのスタイルチェンジによって、普段は外から見えない内側に染めた色が見えるようになるため、スタイル次第で髪の色も合わせてさまざまな表情の演出が可能になる。

V - バレイヤージュ（仏）

フランス語では、ヴェ・バレイヤージュと発音する。バレイヤージュはフランス語で、「掃除をすること」、「ほうきで掃くこと」の意味。V - バレイヤージュは、ほうきで掃くようにヘアカラーを塗布するバレイヤージュの応用技法の1つ。任意に取った毛束の左右両サイドにヘアカラーを塗布する方法で、この時の塗布したカラー剤の形が「V字」になることからV - バレイヤージュと呼ばれる。毛先の毛量を減らしたスタイルで、毛先のカラーが弱くなってしまう場合に効果的で、スタイルのポイントにナチュラルなラインを入れてメリハリや表情をつけることができる。
⇒ バレイヤージュ

ウィービング

任意の厚さのスライスを分け取って、そのスライスをさらにウィービングコームで意図した幅と間隔で縫い取るようにして取り、その毛束に色を入れるテクニック。weave（縫う、編む）が語源。毛髪すべてにヘアカラーをしなくても、全体のイメージを変えることができ、スタイルに動きや立体感、アクセントをつけることができる。深さ3ミリ、幅3ミリ、間隔7ミリ、あるいは深さ5ミリ、幅5ミリ、間隔5ミリなど、編み取る量や間隔を変えることによって、自由自在に全体のイメージを変えることができる。
⇒ スライシング、立体ヘアカラー

ウォーム系（ウォームけい）

⇒ 暖色系

永久染毛剤（えいきゅうせんもうざい）

酸化染毛剤と金属（非酸化）染毛剤のこと。他の染毛剤と比べて色持ちが1か月以上と長いことから、永久染毛剤と呼ばれる。酸化染毛剤は最も一般的に用いられる染毛剤で、毛髪内部に浸透した染料が酸化剤によって重合することによって発色する。染料は重合して大きな分子になるため、髪から抜け落ちにくくなり色持ちがよい。金属染毛剤は、鉄イオンとポリフェノール系の染料が錯体を形成することによって発色する。同様に、比較的大きな分子になるため色持ちがよい。この「永久」というのは、どれくらい色が持つかで判断する分類法。シャンプー1回で取れてしまうものを一時染毛料（テンポラリーヘアカラー）、10～20回のシャンプーに耐えるものを半永久染毛料（セミパーマネントヘアカラー）とするのに対し、シャンプー20回以上色持ちするものを永久染毛剤（パーマネントヘアカラー）とするのが妥当な目安といえる。
⇒ 半永久染毛剤、一時染毛剤

HC 染料（エイチシーせんりょう）

染料の分子構造内にフェニル基とニトロ基を有する直接染料である。酸性、アルカリ性の広範囲で使用することができ、毛髪にはよく染まるが、皮膚には染まりにくい特徴を持つ。イオン性は持たないが分子量が小さいため、毛髪の内部にまで浸透しやすい染料である。その反面、シャンプーなどにより容易に褪色する。ヘアカラートリートメントなどに使用される。

エマルジョン

乳濁液のこと。本来の意味は油と水のように互いに混ざり合わない2相間において、一方がもう一方の相に微粒子状に分散している状態のことをいう。通常、この分散状態を安定化させるために乳化剤（界面活性剤）が使用される。クリームや乳液をはじめ、美容業界ではエマルジョン製品が非常に多く使用されている。カラリングにおいては、ヘアカラー剤にシャンプー剤やぬるま湯を加えて混ぜることを乳化といい、混ぜたものをエマルジョンと呼ぶことがある。シャンプーブースで流す前に水分を少し補給して、残留しているカラー剤と一緒によくもみ込むことによって、髪の表面に吸着している余分な色素を取り除いたり、地肌についている色素を取り除くテクニックを指す。

塩基性染料（えんきせいせんりょう）

陽イオン電荷を持つ水溶性の直接染料である。色の種類が豊富に存在し、酸性染料と比較して皮膚に染着しにくい特徴を持つ。陽イオン電荷を持つためにトリートメントに対しては強いが、シャンプーに対して褪色しやすい。ヘアカラートリートメントなどに使用される。

エンド

毛先。髪の根元をルーツ、中間部をミドルまたはセンター、毛先をエンドという。毛先は、根元や中間部と比較して外的条件（紫外線、ドライヤー、ブラッシングなど）を長く受けているので、ヘアカラーの場合、色が入りやすく抜けやすいので注意が必要。
⇒ ルーツ

エンドリザルトシステム

ヘアカラーの作り方の1つ。特定の範囲の髪を染める対象としたときに（例えば、日本人の黒髪（レベル4か5のダークブラウン））目的とする仕上がりの色に必要なアルカリと染料をあらかじめ配合してつくるシステム。
⇒ トーナルシステム

ヘアカラーの基礎用語集

OX（オキシ）
過酸化水素配合剤の略、記号として使われる。
⇒ 過酸化水素、過酸化水素水

おしゃれ染め（おしゃれぞめ）
ファッションヘアカラーとも呼ばれる。白髪染めに対し、黒髪を明るく染めるカラリングをおしゃれ染めという。ファッションヘアカラーに対してはグレイヘアカラーという呼び方もある。
⇒ グレイヘアカラー

おはぐろ
古代からの歯を黒く染める風習。日本の伝統的化粧美、虫歯予防あるいは女性の半元服のしるしであった。ふしの子（ヌルデの木にできたコブ）と古釘と酢などでつくった鉄サビ溶液を混ぜ、歯に塗布して黒く染めた。

おはぐろ式染毛剤（おはぐろしきせんもうざい）
タンニンやピロガロールなどのポリフェノールと鉄塩とが反応することにより、黒色に染める染毛剤。おはぐろと同じ染色原理によるもの。医薬部外品の非酸化染毛剤あるいは金属染毛剤として区分される。
⇒ おはぐろ、金属染毛剤、非酸化染毛剤

カ

界面活性剤（かいめんかっせいざい）
分子中に、水になじみやすい部分（親水基）と、油になじみやすい部分（親油基）を持った化合物。親水基と親油基を持っているため、水と油を混ぜ合わせることができる。界面活性剤は水に溶かしたときの親水基の状態によって、アニオン（陰イオン）界面活性剤、カチオン（陽イオン）界面活性剤、両性界面活性剤、ノニオン（非イオン）界面活性剤の4種に分類される。美容業界のさまざまな製品に使用されており、洗浄剤、起泡剤、溶剤、浸透促進剤、乳化剤などとして用いられている。クリームタイプのヘアカラー剤にも、主に乳化剤として配合されているが、それぞれの界面活性剤を組み合わせて使用される場合が多い。
⇒ アニオン界面活性剤、カチオン界面活性剤、ノニオン界面活性剤、両性界面活性剤

過酸化水素（かさんかすいそ）
化学式はH_2O_2で表される。無色で油状の液体。きわめて分解しやすく、分解して酸素と水になる。酸化力が強く、殺菌剤、漂白剤として用いられる。ヘアカラーの２剤やパーマネントウエーブ用剤の２剤においても酸化剤として用いられている。日本においては、ヘアカラーの２剤としては6%が上限となっている。過酸化水素の濃度はボリューム（vol）で表されることもあり、%との対応は次の通り。＜1.5%=5vol、3%=10vol、6%=20vol、9%=30vol、12%=40vol＞

過酸化水素水（かさんかすいそすい）
過酸化水素の水溶液。約3%の水溶液はオキシドールとして医薬品に用いられる。

過水（かすい）
過酸化水素水の略。OX（オキシ）とも表記される。

カチオン界面活性剤
（カチオンかいめんかっせいざい）

陽イオン界面活性剤とも呼ばれる。界面活性剤の1種で、水に溶けたときに親水基がプラスイオン（カチオン、陽イオン）に解離するもの。殺菌力があるとともに、柔軟効果と静電気防止効果に優れているため、リンス剤やトリートメント剤に配合される。ヘアカラー剤やパーマ剤においても、乳化剤やコンディショニング剤として使用される場合がある。
⇒ 両性界面活性剤

カチオン性ポリマー（カチオンせいポリマー）
陽イオンポリマー、カチオン化ポリマーとも呼ばれる。高分子（ポリマー）の1種で、水に溶けたときに親水基がプラスイオン（カチオン、陽イオン）に解離するもの。柔軟効果と静電気防止効果に優れており、カチオン界面活性剤より吸着性が強く、持続性がある。シャンプー剤に配合される場合が多い。また、ヘアカラー剤やパーマ剤で、コンディショニング剤として使用される場合がある。

カバーリング
覆い、覆うこと。ヘアカラーにおいては、フルヘッドウィービング時などに、ホイルワーク効果が表面に出過ぎるのを避けるため、あらかじめ薄く取り分けて、塗らない部分を作っておくこと。

加法混色（かほうこんしょく）
2種類以上の色を混ぜ合わせることによって、その結果が明るくなる光の混色のこと。色光を重ねた場合に、混合色がもとの色よりも明度が高くなり、最後は白になる。加算混合、加色混合などとも呼ばれる。一般に、加法混色の原色には赤、緑、青紫の3色が用いられる。カラーテレビはこの原理を応用したもの。また、カラー印刷、カラー写真などは減法混色が応用されている。
⇒ 減法混色、三原色

カプラー
酸化染料の中の調色剤の総称。色材の分野では、ジアゾニウム塩に芳香族アミン類やフェノール類を結合させてアゾ化合物を形成する反応をカップリング反応といい、この反応に用いる芳香族アミン類やフェノール類をカプラーという。酸化染毛剤では、酸化染料の主要中間体（主剤染料）が酸化重合する際に結合して色調を変えるタイプの染料をカプラーという。カプラーはそれ単独では発色しない。カプラーにもたくさんの種類があり、カプラーを変えることによって様々な色がつくられる。代表的な例としてはレゾルシン。モデファイヤーともいう。
⇒ ヘアカラー修正剤、レゾルシン

カラークレヨン
一時染毛料の1種。油脂やロウなどの油性基剤に顔料を混ぜ合わせてスティック状に成型したもの。
⇒ 一時染毛料

カラーシャンプー
使用される染料の種類としては半永久染毛料に属するが、効果的には一時染毛料に近いタイプ。シャンプーに酸性染料などの直接染料を添加したもので、シャンプー後に染料が毛髪表面に付着して染色する。染毛力が弱いため、

黒髪ではほとんど効果がない。
⇒ 半永久染毛料

カラースティック
一時染毛料の1種。油脂やロウなどの油性基剤に顔料を混ぜ合わせてスティック状に成型したもの。
⇒ 一時染毛料

カラースプレー
一時染毛料の1種。髪に色素を噴き付けて着色するタイプで、黒やブラウンなどの白髪用や赤、オレンジ、黄、緑、青、白、ゴールドなどの黒髪用がある。顔料を主剤として、毛髪への付着性をよくするための樹脂類、さらには柔軟剤や光沢を改善する油性成分や潤滑剤が配合されており、通常、液化ガスを使用したエアゾールタイプになっている。業務用ではあまり使用されないが、一般用では広く普及している。
⇒ 一時染毛料、スプレーカラー

カラーチャート
ヘアカラーの各色番を色調、明度を基準に系統的に表した色見本。メーカーにより色調、明度設定が異なるため、使用するヘアカラー剤の専用のカラーチャートを参照する必要がある。

カラーバス
シャンプーボール（ベシン）で行われるカラリングテクニックの総称。代表的なテクニックとしては、ヘアカラー剤にシャンプー剤を混ぜ、シャンプー、放置、カラーチェック、トリートメントで終了するシャンプーカラーがある。カラーチェックをしながらいつでも流すことができるのが特長で、カラー施術後の色味の補正、褪色の補正が手軽に行える。他にも、トナー、グロスカラー、リフトシャンプーなど数多くのテクニックがある。

カラーリンス
使用される染料の種類としては半永久染毛料に属するが、効果的には一時染毛料に近いタイプ。酸性染料などの直接染料に酸を配合したもので、乳液状やパウダー状の製品がある。毛髪の表層部に吸着して染着する。カラー施術後の色味の補正や褪色の補正に用いるタイプのほか、一般用では、繰り返し使用することにより徐々に白髪を染めるタイプもある。

還元（かんげん）
酸化物から酸素を奪って元の化合物に戻したり、酸化物に水素を与える（あるいは電子を奪いとる）化学反応のこと。このとき還元させる化合物は同時に酸化作用を受ける。パーマネントウエーブ1剤が、還元の働きで毛髪のシスチン結合を切断するのは、この作用を利用したもの。
⇒ 酸化

間充物質（かんじゅうぶっしつ）
⇒ マトリックス

寒色系（かんしょくけい）
クール系ともいう。クール（cool）は冷たい、涼しいという意味。空や水など涼しげな色を連想させる色調のこと。色味においては、イエローグリーン、グリーン、ブルーグリーン、ブルー、ブルーバイオレットなどをクール系という。
⇒ 暖色系

顔料（がんりょう）
水またはその他の溶剤に不溶の色素を一般に顔料という。実際には一部溶けるものもあるが、化学構造上、不溶なタイプのものは顔料として扱われる。組成上、無機顔料と有機顔料に大別され、無機顔料はさらに有色、白色、体質顔料に分けられる。有機顔料はタール色素の1種である。顔料は、一時染毛料やメイクアップ製品に用いられる。

擬似メラニン（ぎじメラニン）
メラニン色素が少ない、あるいはほとんどない高明度の既染毛に対し、メラニン類似の色味を補充する色素を指す。通常の黒髪対象に設計されたヘアカラー剤は、毛髪にある程度メラニン色素が存在することを前提として色調設定されているため、高明度の毛髪を希望色にする場合は、不足しているメラニン色素に相当するヘアカラー剤で色素補正をしてから希望色を施術する必要がある。通常は、ナチュラル系の色番を使用することが多いが、専用の薬剤もある。
⇒ プライミング

既染毛（きせんもう）
すでにヘアカラーが施された部分の毛髪。これに対して、ヘアカラーをしていない毛髪をバージン毛と呼び、新生毛もこれに入る。バージン毛、既染毛が混在する毛髪にヘアカラーを施術する際は、既染毛の色味の残り方を考慮しないと染まりや明度が不均一になってしまう場合がある。
⇒ 新生毛、バージンヘア

キューティクル
キューティクルは、毛髪表面を覆っている一番外側の層で、毛髪全体の 10 ～ 15%を占める。無色透明で、約 0.5 μ（ミクロン）の厚さのウロコ状の細胞が平均6枚前後重なり合っている。非常に硬く、薬剤に対しても強い組織で、内部のコルテックスを保護している。そのため、損傷を受けて欠けたり、はがれたりするとツヤがなくなり、手触りが悪くなる。
⇒ コルテックス、フィブリル

金属染毛剤（きんぞくせんもうざい）
金属塩を使用して染めるタイプの染毛剤で、分類としては永久染毛剤の非酸化染毛剤となる。日本においては鉄塩のみが認められており、鉄イオンとポリフェノール系の染料が毛髪内部で錯体を形成することによって発色する。この非酸化染毛剤は、酸化染毛剤（ヘアカラー）に用いられる酸化染料を使用していないため、酸化染毛剤にアレルギーがある人でも使用可能な場合がある（パッチテストは必要）。ただし、色調は黒系の色味のみと幅が狭く、明るく染められないため、実際の使用としては白髪染めに限定される。海外では、酢酸鉛を主成分とした金属染毛剤がカラーリストアラーなどの名称で使用されている。金属染毛剤で染めている髪は、パーマネントウエーブがかかりにくくなるので注意を要する。これは、鉄などの金属イオンとパーマ剤の主成分であるチオグリコール酸などが反応してしまうためである。
⇒ 永久染毛剤、酸化染毛剤

草木染め（くさきぞめ）
植物由来の色素を用いた植物性染毛料。ボタ

ヘアカラーの基礎用語集

ニカルカラーやベジタブルカラーとも呼ばれる。最も代表的な植物性染毛料にヘナがある。その他にも、西洋アカネ、藍、キハダ、コチニールなどに助剤を使用し発色や染着性を向上させたものもある。ただし、明るく染めることはできないため、白髪染めや高明度の毛髪に対して色味のみを与えるトナー的な使用となる。
⇒ 植物性染毛料、天然染料

クードソレイユ（仏）

毛髪表面に太陽光線のような明るい線状のカラーを入れるテクニック。
⇒ メッシュデコロレ

クラーエピ（仏）

別名フラッシュ flash ともいう。フランス語で「クラー（couleur)」はカラーのこと。「エピ」は麦の穂のことで、穂先のように髪がはねている状態を指す。髪のハネの部分にカラーを入れるテクニック。実際の方法は、ショートスタイルの毛束をピンでとめ、その毛先にカラーを入れて、ハネさせる部分を強調したり、ショートスタイルに立体感や動きを与えるときに用いられる。
⇒ メッシュデコロレ

グラデーションカラー

グラデーションは色の濃淡、あるいは徐々に変化することを意味する。グラデーションカラーは意図的に色味、明度の段差をつけることで仕上がりを平面的ではなく、「動き」「立体感」を与える方法。

クーリング

クーリングは冷やすこと。ヘアマニキュアやパーマ施術時に、薬剤の効果を上げるため加温した後の冷却（cooling）操作。クーリングすることで、毛髪内に浸透させた薬剤やその効果が定着する。

クール系

⇒ 寒色系

グレイヘア（米）（英）

加齢あるいはその他の要因によって毛根に存在するメラノサイトのメラニン産生能が低下し、毛幹（毛髪）のメラニン含有量が減少して毛が白く見える状態をいう。発生機序は一般に遺伝による加齢現象といわれる。白髪、あるいは白髪混じりの髪のことをグレイヘアという。文字通り白い髪を指すときはホワイトヘア（white hair）ともいう。

グレイヘアカラー

グレイヘアを対象としたカラリング。サロン対応のグレイヘアカラーとしては、グレイヘアを「活かす」「ぼかす」「隠す」という3つの基本的な考えがある。
⇒ おしゃれ染め、ファッションヘアカラー

クロスチェック

1度目とは異なる角度のスライスでもう一度塗布チェックをし、塗り残しや塗布ムラを防ぐこと、またはその技術。

化粧品（けしょうひん）

薬機法により規定され、次のように定義されている。「人の身体を清潔にし、美化し、魅力を増し、容貌を変え又は皮膚若しくは毛髪をすこやかに保つために、身体に塗布、散布、その他これらに類似する方法で使用されることが目的とされている物で、人体に対する作用が緩和なものをいう（原文のまま）」。半永久染毛料（酸性カラー、ヘアマニキュア、ヘアカラートリートメント）や一時染毛料（カラースプレー、カラーリンス）は化粧品に分類される。酸化染毛剤、脱色剤やパーマ剤などの作用の強い製品は医薬部外品の取り扱いとなる。アメリカやヨーロッパでは医薬部外品の規定はなく、酸化染毛剤、脱色剤やパーマ剤などは化粧品として取り扱われる。
⇒ 医薬部外品

減法混色（げんぽうこんしょく）

2種類以上の色を混ぜ合わせることによって、その結果が暗くなる色材の混色のこと。通常、減法混色の原色にはシアン（青緑）、マゼンタ（赤紫）、イエロー（黄）の3色が用いられる。混色された色の明度が、もとの色よりも低くなることからこの名称がつけられ、減算混合、減色混合などとも呼ばれる。色を重ねていくと最後は黒になる。絵具、カラー印刷、カラー写真などはこの原理を応用したものである。また、カラーテレビには加法混色が応用されている。
⇒ 加法混色、混色、三原色

光源（こうげん）

白熱灯や蛍光灯のように光を発するものを光源という。物体の色は光が当ったときに初めて見えるが、その光の種類によって色の見え方は違う。光の三原色は赤、青、緑であり、自然光（昼間の太陽光）ではこの赤、青、緑ともに平均的に見えて、物体の色も正確に見える。しかし、波長の分布の異なる光源の下では色は違って見える。例えば、昼光色蛍光灯では青が強く、赤が少ないので青味が強く見える。一方、白熱灯では青が少なく赤が多いために、赤味が強く見えてしまう。
⇒ 色温度、自然光

抗原抗体反応（こうげんこうたいはんのう）

⇒ アレルギー

硬水（こうすい）

カルシウムイオン、マグネシウムイオンを多く含有する水を硬水という。シャンプーやパーマに悪影響を及ぼす。また、石けんの泡立ちを低下させる。一般にヨーロッパの水は硬度が高い硬水、日本の水は硬度が低い軟水が多い。
⇒ 軟水

合成染料（ごうせいせんりょう）

天然色素に対して使われ、一般にはタール色素と呼ばれている。医薬品、医薬部外品、化粧品などでは製品の区別やイメージアップの目的で使用されるが、安全性を考慮しなければならない製品に使用されるタール色素は厚生労働省令で規定されており、これらの色素を法定色素と呼ぶ。法定色素は化学構造上、ニトロ系色素、アゾ系色素、ニトロソ系色素、トリフェニルメタン系色素、キサンテン系色素、キノリン系色素、アントラキノン系色素、インジゴ系色素、ピリン系色素、フタロシアニン系色素に分類される。半永久染毛料（酸性カラー、ヘアマニキュア）や一時染毛料（カラースプレー、カラーリンス）に用いられる染料は法定色素である。また、酸化染毛剤に使用される酸化染料も合成染料の1つである。
⇒ 天然染料

コーティング
キューティクル表面を覆うこと。ヘアカラーにおいては、色を重ねたり、ヘアマニキュア（酸性ヘアカラー）で染めて、毛髪表面に色を入れることをいう。

コームバレイヤージュ（英＋仏）
ほうきで掃くようにヘアカラーを塗布するバレイヤージュの応用技法の1つ。任意に引き出した毛束に、コームの歯先にカラー剤をつけて塗布する方法。根元から毛先にかけて細いラインや太いラインを入れ、全体として自然で調和のとれたイメージにする時に適している。スピーディなフランス流テクニック。
⇒ バレイヤージュ

コルテックス
コルテックスは、キューティクルの内側にあり、紡錘状の皮質細胞が毛髪の長さ方向に並んだ集合体で、毛髪の大部分（約80～90%）を占めている。メラニン色素も存在している。皮質細胞の中にはマクロフィブリルが詰まっており、マクロフィブリルはさらにミクロフィブリルとマトリックスタンパクにより成り立っている。ヘアカラーやパーマ剤が作用するのはコルテックスである。
⇒ キューティクル、フィブリル、メデュラ

サ

彩度（さいど）
クロマ。色（鮮やかさ）の強弱の度合いを「彩度」という。最も彩度の高い色を「純色」といい、ヘアマニキュアの原色や、ヘアカラーのアクセントカラーには彩度の高いものが多い。また、白髪染めに使われるブラウンの強い色やダル色は彩度が低い。彩度は高い、低いと表現する。色相（色調、色味）、明度（明るさ）と並んで色を構成する3要素といわれる。
⇒ 色の三属性、色相、明度

サーフバレイヤージュ（英＋仏）
バレイヤージュのテクニックの1つ。強い太陽光線で褪色したようなナチュラル感を表現するヘアカラーテクニック。根元から毛先に向かって明るくなり、毛束の内側より外側が明るくなるカラー。立体的な毛束で構成して、トップやサイドなど表面に出る部分を中心に色を入れる。ブラシ&コーム、さらには毛束の広い面にカラー剤を塗布するためにスポンジを使用してカラリング（塗布）する。
⇒ バレイヤージュ

サーマルペーパー
保温ペーパーのこと。ウィービング、スライシングなどのテクニックで、取った毛束を包みこむときに使用する。保温・保湿効果や別の毛髪にカラー剤がつかないようにするために使う。サーマルペーパーの代わりにアルミホイルを使うサロンも多い。
⇒ アルミホイル

酸化（さんか）
酸素が化合物に化合する化学反応。酸化された化合物は酸化物という。酸化物は単体で不安定な性質を持っており、安定している化合物から水素（あるいは電子）を奪う特性がある。このとき、もうひとつの物質に水素（あるいは電子）を与えることを還元という。このため、通常、ひとつの物質が酸化されれば、もう一方の物質は還元されるという関係になる。ヘアカラー剤やパーマ剤は、酸化や還元の特性を利用してカラーでの脱色や染色、パーマでの形状変化をさせている。
⇒ 還元

酸化重合（さんかじゅうごう）
簡単な構造を持つ分子化合物が、2分子以上酸化結合して、分子量の大きな別の化合物を生成すること。また、その反応。このとき、元の分子化合物を単量体（モノマー）という。ヘアカラーでは、1剤の染料が2剤の過酸化水素に酸化されることで複数分子結合し、分子量の大きな別の分子化合物が生成され、この時点で染料が発色する。
⇒ 酸化、酸化染料、カプラー

酸化染毛剤（さんかせんもうざい）
主成分のパラフェニレンジアミンなどを過酸化水素などの酸化剤によって酸化して発色させ、毛髪を染める仕組みのヘアカラー剤。現在、最も普及しているカラー剤で、使用時の薬剤pHがアルカリ性、弱酸性のタイプがあり、おしゃれ染めから白髪染めまで幅広く使用できる。特にアルカリ性タイプでは、過酸化水素の分解による発生期の酸素が毛髪内のメラニン色素を酸化分解し、脱色しながら染める作用がある。色調が豊富で美しく染め上がり、シャンプーでも色落ちしにくいというメリットがある。
⇒ 永久染毛剤、一時染毛料、金属染毛剤、半永久染毛料

酸化染料（さんかせんりょう）
染毛剤承認基準として医薬部外品で認められている酸化染料は日本では54種類あり、大きく3つのタイプに分類される。①中間体＝色のベースとなる染料のことで、2剤の過酸化水素によって酸化重合して大きくなり発色する。ヘアカラー剤の主剤として使用されている代表的な中間体が、パラフェニレンジアミン。②カプラー（調色剤）＝中間体と結合して発色する染料のことで、2剤の過酸化水素で酸化されて酸化重合して大きくなる。カプラーのみでは色をつくることはできないが、中間体と結合していろいろな色をつくりだす。レゾルシンが代表的。
⇒ レゾルシン、直接染料

三原色（さんげんしょく）
プライマリーカラー。色の三原色は赤紫（マゼンタ）、青緑（シアン）、黄（イエロー）。この3色は、どんな色を混ぜてもつくれない。
⇒ 加法混色、減法混色

酸性酸化染毛剤（さんせいさんかせんもうざい）
アルカリカラー剤と同様に、2剤式のヘアカラー剤だが、使用時の薬剤のpH値が弱酸性なので、キューティクルの開きが小さく、さらに2剤の働きも弱くなるため、ブリーチやダメージが少ない。毛髪にダメージを与えずにカラーリングできるので、明るく褪色した既染毛に対する補正剤、傷めずに染める白髪染めなどに適している。

酸性（さんせい）
酸（酸性物質、酸剤）または酸性を意味する。

ヘアカラーの基礎用語集

水に溶かしたときに水素イオン（H^+）を生じ、pH 7未満の酸性を示す化合物を酸性物質または酸剤と呼ぶ。また、酸性のことをアシッドと呼ぶこともある。
⇒ アルカリ

酸性ヘアカラー（さんせいヘアカラー）

⇒ ヘアマニキュア

シェード

色彩学では絵具の純色に白を加えてできる色群をティント、黒を加えてできる色群をシェードという。マンセル表色系の垂直等色相断面上で見ると、純色より上部の外縁に位置する色群がティント、下部の外縁に位置する色群がシェードである。三属性によるピグメントカラーの体系化が図られる以前は、ティントと並んで色の体系化の一般的な尺度としてよく用いられた。
⇒ ティント

時間差塗布（じかんさとふ）

ヘアカラー施術時の塗布方法の1つで、同時塗布をするとムラ染めになりやすい場合に用いる方法。例えば、リタッチ毛で既染部の明度が明るく、ダメージも大きい場合、まず新生部に薬液を塗布し、しばらく時間を置いて（新生部が明るくなるまで）、その後既染部に同じ薬液を塗布する。この時間差をつけた塗布により、新生部と既染部の仕上がり色（明度、色味）のグラデーションが合うようになる。また、長い髪の既染部で、新生部付近と毛先ではダメージ度合いが異なる場合なども、時間差で塗布する。
⇒ ダブルプロセス、ツータッチ

色彩学（しきさいがく）

クロマティクス。色に関する学問のこと。科学的な色彩学研究の始まりは、17 世紀ニュートンの光のスペクトル発見に遡るが、大きな進展を遂げるのは 19 世紀以降で、学問としては比較的新しい分野である。色の属性、表色系、測色、混色、配色調和など工学や科学領域の他にも心理学、生理学、歴史、宗教、文学、美学など幅広い領域で研究活用がなされている。アメリカの物理学者O・ルードは色彩科学の入門書『モダン・クロマティックス』の中で、印象派の画家たちが併置混色による新しい光と色の表現方法を持っていることを示唆している。画家のC・モネは、季節や1日の太陽の移り変わりによって刻々と色が変化していくフランスのルーアンの大聖堂の絵を何枚も描いている。ビジネス分野においては特にファッション、インテリア、商品開発などに色彩を応用する能力、資格としての色彩検定試験も行われている。
⇒ パーソナルカラー

色相（しきそう）

ヒュー。赤、青、黄などの有彩色の色みを「色相」という（色調ともいう）。雨上がりの空にかかる虹は、外側から赤、橙、黄、緑と変化して、内側は紫になる。この赤から紫まで徐々に変わる色みをグルリと輪にしたものを「色相環」と呼ぶ。「無彩色」に色相はない。
⇒ 色の三属性、彩度、明度

色相環（しきそうかん）

太陽の光を分光すると、紫、青紫、青、青緑、黄、橙、赤がグラデーションの帯（スペクトル）となって現れる。このスペクトルの紫と赤の間に赤紫をおくことによって循環性を持たせ、円周上に配置したもの。当初アメリカの画家マンセル（1858〜1918）によって提案された。円周上に赤、黄、緑、青、紫の5色の基本色を置き、その間にそれぞれの中間色の黄赤、黄緑、青緑、青紫、赤紫を配列して円周を埋め、さらにそれぞれを4等分割して全 40 区分の色相を配列し、マンセルはこれを中心に垂直な縦軸方向に重ねて明度を配置して、立体的に色を表現した。色相環において正反対の位置にある色を補色といい、補色にある2色を混ぜ合わせると灰色から黒色の無彩色になる。

自然光（しぜんこう）

昼間の太陽光のこと。光の三原色である赤、青、緑が平均的に出て、青味の強い昼光色蛍光灯、赤味の強い白熱灯と異なり、1番自然に色が再現される。ヘアカラーはこの自然光で見たときにどのような色に見えるかが大切とされる。ヘアカラーサロンでは、自然光をたくさん採りこむために、大きな窓に面していたり、天窓を採り入れているサロンも少なくない。また、照明にも気を使うサロンが増えている。
⇒ 色温度、光源

指定成分（していせいぶん）

薬事法第 59 条第6号および第 61 条第4号規定に基づき、消費者が医師からの情報をもとにアレルギーなどの皮膚障害を起こす可能性のある製品の使用を自ら判別できるようにする目的で厚生労働大臣が指定した成分をいう。このほか香料含有の化粧品（香水を除く）については、香料を含有することを表示するように行政指導がおこなわれている。この指定成分については、ボトル、パッケージの裏面などに表記することが義務づけられてきた。しかし、2001 年4月1日からの全成分表示（3月 31 日以前の発売の製品は1年半の猶予期間が認められている）によって、化粧品では、指定成分だけでなくすべての成分表示が義務づけられた。
⇒ 全成分表示

弱アルカリカラー（じゃくアルカリカラー）

⇒ 低アルカリカラー

植物性染毛料（しょくぶつせいせんもうりょう）

花、実、葉あるいは根の持っている植物本来の色を用いた染毛料。毛髪を着色するための永久染毛剤（パーマネントヘアカラー剤）は基本的に、配合されている染料の種類によって植物性、金属性、そして現在の製品の大部分を占めている酸化染料（有機合成系）の3つに分類される。その中で植物性染毛料の代表的なものとしてはヘナ（ヘンナともいう）やカミツレ（カモミル、カモミレともいう）などがある。ボタニカルカラー剤、オーガニックカラー剤、ベジタブルカラー剤などと呼ばれて、世界各国のヘアカラー剤メーカーが研究しているテーマである。
⇒ 草木染め、天然染料、ベジタブルヘアカラー、ボタニカルヘアカラー、ヘナ

白髪（しらが）

⇒ グレイヘア

白髪染め（しらがぞめ）

⇒ グレイヘアカラー

サ・シ・ス・セ

シングルカラー
シングルプロセスと同意語。
⇔ ダブルカラー

シングルプロセス
1回の技術工程で終了するヘアカラーテクニック。これにもう1工程加わればダブルプロセス、さらにもう1工程加わればトリプルプロセスという。
⇒ ダブルプロセス

新生毛（しんせいもう）
根元に新しく生えてきた髪。ヘアカラーやパーマなどの化学処理をしていない毛髪を指す「バージンヘア」とは意味が違う。
⇒ 既染毛

浸透剤（しんとうざい）
化粧品の薬剤を毛髪や皮膚の中に浸透させるために用いられる界面活性剤の1種。その化粧品の表面張力を小さくして浸透させやすくする働きがある。ヘアカラー剤には、主にアニオン界面活性剤、ノニオン界面活性剤が髪への浸透剤として配合される。特に、酸化染毛剤はクリームをつくりやすいアニオン界面活性剤が配合される場合があるが、これは同時に洗浄性も強く、アルカリ剤との相乗効果により、髪への負担も大きく仕上がり感が低下する。最近では、ノニオン界面活性剤やカチオン界面活性剤を使ったクリームをつくることで髪への負担を低減している。

真メラニン（しんメラニン）
⇒ ユーメラニン

スキャルプ
頭部の皮膚（頭皮）のことをいう。一般には顔と被髪頭部（毛髪が生えている部分）の皮膚のこと。

ストランドテスト
ヘアカラー剤を塗布後、洗い流すまでの間に色の入り具合をテストすること。5mm四方くらいの毛束をとり、コットンやタオルでヘアカラー剤をよくふき取り、反射光、透過光により、色の入りをチェックする。薬剤を十分にふき取ることがポイントであり、ふき取りが不十分だと仕上がりの色（色味、明度）が正確にわからないので注意が必要。特に、ハイレベル毛のヘアカラーにおいては、テストの際、毛束に水スプレーをかけて薬剤と水分をしっかりふき取ることで正確な色を確認する必要がある。

スパチュラ
ホイルを使わず、ハイライトなどの施術を行うことができる板状の道具。

スプレーカラー
ヘアスプレーにカーボンブラックや酸性染料あるいは顔料などを混在させて、毛髪に色を付着させる製品。カラースプレーともいう。粘着性の樹脂の力で毛髪に付着させる。一時染毛料の1つ。シャンプーなどで簡単に洗い落とせるカラー。
⇒ カラースプレー、一時染毛料

スライシング
毛束、つまりスライス（slice）を薄く取って、そのパネルごと染めるテクニック。ウィービングと並ぶ代表的なデザインテクニック。
⇒ ウィービング、立体ヘアカラー

生分解性（せいぶんかいせい）
河川などの水中に含まれている有機物が、微生物によって分解されやすいかどうかを示すもの。下水や工業廃水の有機物による水質汚染の度合いを示すために、水中に溶けている酸素の減少量を測って、間接的に微生物によって酸化分解される有機物の量の指標としている。洗剤やシャンプー剤などに使用されている界面活性剤は、その化学構造によって、廃水中で微生物により分解されやすいものと、されにくいものがある。微生物分解性ともいわれる。

セクショニング
ヘアカラー剤の塗布に入る前に、頭部をいくつかのブロックに分けること。ブロッキングともいう。そのカラリングの狙いや目的によって12セクション、9セクション、あるいは4セクションなど、多様にある。

セクションカラー
通常のウィービングなどに比べて大きなセクションを取り、部分的にハイライトやローライトなどの施術をすること、またはそういったカラーデザイン。

セミパーマネントヘアカラー
⇒ 半永久染毛料

ゼロテク
コームを使用し、頭皮に薬剤をつけないよう0ミリ（地肌ギリギリ）から、薬剤を塗布するテクニックの通称。

全成分表示（ぜんせいぶんひょうじ）
2001年4月1日から、「化粧品規制緩和」のひとつとして施行された改定事項で、化粧品に配合されているすべての内容成分を容器または包材に表示することが義務づけられた。また、2006年4月1日からは医薬部外品の染毛剤などにおいても全成分が表示されるようになった。これにより、消費者自らが肌に合わない成分やアレルギーが起きる可能性のある成分を見分けることができるようになった。

染毛剤（せんもうざい）
毛髪に色や明るさを与えるために用いられる薬剤のこと。染毛剤には白髪染め用と、毛髪を好みの色に染めるおしゃれ染め用がある。通常、染毛する能力の程度によって一時染毛料、半永久染毛料、永久染毛剤の3種類に分類される。①一時染毛料はカラーリンス、カラースプレーなどで毛髪を物理的に着色するので持続性は短い。シャンプーすると色落ちする。②半永久染毛料は過酸化水素などの酸化剤を用いない1剤型（1浴式タイプ）が多い。数回のヘアケア（シャンプー&リンスなど）に耐えられるものから、3〜4週間色持ちするものまである。染料は低分子の酸性染料を用い、これに染着力を増すように染色助剤などが配合されている。③永久染毛剤は染毛剤の中で広く使用されている。通常は2剤型で第1剤は酸化染料（パラフェニレンジアミンなど）、第2剤は過酸化水素などの酸化剤からなり、使用時に1剤と2剤を所定の割合でミックスする。1か月以上持続する。

ヘアカラーの基礎用語集

染料（せんりょう）
水、溶剤に可溶で、染毛性機能を有しているもの。天然染料、合成染料などに分類され、使用上の面から酸性染料、塩基性染料、HC染料、酸化染料、油溶性染料などに分類される。

染料中間体（せんりょうちゅうかんたい）
染料中間物または単に中間物ともいわれる。ヘアカラーで使用可能な中間体は、パラフェニレンジアミンや硫酸トルエン-2.5-ジアミンなどがあげられる。一般的に合成染料の分野で、出発原料から最終の染料を合成するまでに、その中間で合成されるすべての有機化合物をいう。ベンゼン、トルエン、ナフタリン、アントラセンなどの主にコールタールから分離される原料から、ニトロ化、スルホン化、ハロゲン化などの種々の単位反応によって多数の染料中間体をつくり、これにさらに組み合わせて反応させ、合成染料をつくる。香粧品には着色剤として法定タール色素があるが、これも染料中間体により合成される。

タ

褪色（たいしょく）
ヘアカラーをした後、時間が経つにつれ、色味が抜けていくこと。

褪色防止シャンプー（たいしょくぼうしシャンプー）
ヘアカラーの褪色は日頃使うシャンプー剤の性能（界面活性剤やpHによる作用）に大きく影響する。例えば、褪色についてはアニオン界面活性剤よりも両性界面活性剤の方が褪色が小さい傾向にあり、pHの高い方が褪色は大きくなる傾向にある。褪色防止シャンプーはこのような機能性を考えて作られる。

脱色剤（だっしょくざい）
ライトナーやブリーチなど、主に毛髪中のメラニン色素を分解するための薬剤。染まりにくい毛髪を明るくしたり、通常のヘアカラー剤に混ぜて毛髪を明るく染める時に使用。毛髪中のメラニン色素を酸化脱色し、毛髪の色調を白色またはそれに近い色調に近づける薬剤。酸化染毛剤から酸化染料を除いた製品。したがって酸化染料によるアレルギー性のかぶれは起きない。しかし、メーカーによっては極微量の酸化染料を配合している場合もあり、この場合、かぶれが発生する可能性はある。また炎症を起こす可能性のある原料（アルカリ剤など）が含まれているので注意する必要がある。
⇒ ブリーチ、ブリーチ剤、ライトナー、脱染剤

脱染剤（だっせんざい）
ブリーチやブリーチパウダーなど、毛髪の色素（メラニン）および染毛により毛髪中に生成した色素を酸化脱色するための薬剤。 脱色剤が毛髪を明るくする目的で使用するとしたら、脱染剤はヘアカラーで染めた色を取り除きたいときに使用する。一般的に1剤が粉末タイプで、2剤が液状タイプが多い。その酸化力は脱色剤よりはるかに強く、酸化染料が重合してできた色素の酸化脱色をする。脱色剤と同じように過酸化水素の作用によるメラニン色素の酸化脱色作用もあり、メラニン色素を短時間で多量に分解するときにも使用される。しかし、その酸化力の高さによって、毛髪が受けるダメージも大きい。
⇒ デカラライザー、ブリーチ剤、ライトナー、脱染剤

ダブルカラー
ダブルプロセスと同意語
⇒ シングルカラー

ダブルプロセス
2工程のカラー技術を行って希望の色に仕上げる場合のプロセスをいう。プレ処理をしてアンダートーンを調整し、その上からカラー剤を塗布する一連のテクニック。例えば根元の新生部をプレ処理して、明度を上げ、既染部（褪色部）のアンダートーン（レベル）に合わせ、ファイナルトーニングカラーを塗布するような施術を指す。ダブルカラーともいう。
⇒ ダブルカラー、シングルプロセス、ツータッチ

ダルカラー
鈍い色。濁った色。彩度の高い色にミックスすることにより彩度を下げることのできる色のこと。中明度、中彩度に位置する。

暖色系（だんしょくけい）
ウォーム（warm）は暖かいという意味。炎や太陽を連想させる暖色系のこと。色味において、バイオレット、レッドバイオレット、レッド、オレンジ、イエローをウォーム系という。
⇒ ウォーム系、寒色系、クール系

チップ
切れ端、薄切りの意。ここから、ウィービングで取った毛束（深さ3ミリ、幅3ミリ、間隔3ミリに、というときの幅3mm、深さ3mmの半円錐体状の毛束）をチップという。
⇒ ピッチ

中和剤（ちゅうわざい）
本来の意味は、酸性を中性にするためのアルカリや、アルカリ性を中性に戻すための酸のことを指す。美容分野では、パーマやカラーでアルカリ性に傾いた髪を、中性から弱酸性に戻すための処理剤を指す。バッファー剤やストッパー剤、ニュートラライザーなどと呼ぶこともある。

直接染料
毛髪に対して酸性染料や分散染料を用いて染色する染料のことをいう。ジアミン系の色素と違って、赤色、黄色などの鮮やかな色の染料で、酸化重合せず、小さい粒子のまま発色する。カラー剤ではニトロ染料が代表的である。酸化染毛剤に対比して使用される。酸化染毛剤にはジアミン系の色素だけでなく、この直接染料が入っている製品もあり、低アルカリカラー剤にその傾向がある。ジアミン系の濁った発色に比べて、シャープな色を出せるが、褪色の早い点が欠点といえる。

ツータッチ
時間差塗布の方法のひとつ。新生部と既染部など、素材条件の違う髪に対して、1度、新生部にカラー剤を塗布し、放置後、既染部にカラー剤を塗布する方法。新生部と既染部を時間差塗布するのは、均一な発色を求めるため。通常、新生部と既染部の明度差や、ダメージ状態などの素材条件が異なる場合、もしくは新生部が4cm 以上ある場合などに用いる。

セ・タ・チ・ツ・テ・ト

低アルカリカラー（ていアルカリカラー）

ヘアカラーメーカーでは酸化染毛剤をアルカリカラー、低アルカリカラー、弱アルカリカラー、微アルカリカラーというように、いろいろな呼称で自社製品の特長をアピールしている。酸化染毛剤は、1剤に含まれているアルカリ剤でキューティクルを膨潤させて、2剤に含まれる過酸化水素でメラニン色素を分解して明度を上げて、さらに1剤に含まれる染料が酸化重合して発色するという仕組み。しかし最近は既染毛が当たり前になって、しかもダメージ毛が多い状況である。アルカリ剤はメラニンを分解するだけでなく、毛髪内部のたんぱく質にも作用する。そのため、明度の高くなった既染毛へのカラー処理対応策として、アルカリ剤の配合量を抑えてダメージの低減を図ろうとする低（弱 or 微）アルカリタイプのカラー剤が増えてきた。ただし、アルカリ剤の配合が少なければ当然、メラニン色素を分解する力は弱いかわりに明度を上げる力も弱くなる。したがって、明度の低い黒髪のバージン毛などには、発色の点で若干の難点がある。また、直接染料を多く入れているケースが多く、褪色が多少早い傾向にあるといわれている。

ディスパーズダイ

分散性染料ともいい、水に対して分散はするが、難溶解性の染料である。分子量が大きくイオン性を持たないため分子間力（vander waals）により、毛髪と結合する。テンポラリーあるいはセミパーマネントカラーとして使用される。

ティンティング

ヘアカラー剤を使って、色素（発色した酸化染料など）を髪に入れながら、髪の毛を明るくしたり、暗くしたり、グレイカバーしたりすることをいう。

ティント

カラー剤が持っている色素、色（色相、明度、彩度）のこと。色彩学では、絵具の純色に白を加えてできる色群をティント、黒を加えてできる色群をシェードという。マンセル表色系の垂直等色相断面上で見ると、純色より上部の外縁に位置する色群がティント、下部の外縁に位置する色群がシェードである。三属性によるピグメントカラーの体系化が図られる以前は、シェードと並んで色の体系化の一般的な尺度としてよく用いられた。

デカラライザー

染毛剤により必要以上に濃く染まったり、また違う希望色にカラーチェンジをしたい場合、既染部の染料を酸化脱色させる脱染剤をいう。第1剤には酸化助剤として過硫酸塩やケイ酸ナトリウムが使用され第2剤には過酸化水素水が酸化剤として配合される。通常は毛髪中のメラニン色素の酸化脱色作用も並行して起こる。

⇒ 脱染剤

デグラデ（仏）

フランスのヘアカラー技術、メッシュデコロレのひとつ。毛髪全体に色を入れたり、明るさの濃淡をつけるカラー。

⇒ メッシュデコロレ

デベロッパー

パーマネントヘアカラー、特に酸化染毛剤の第2剤のこと。主成分として過酸化水素を含有しており、第1剤との混合時に過酸化水素が分解し強い酸化力を発生し、そのパワーが酸化染料の発色や髪のブリーチに使われる。

天然染料（てんねんせんりょう）

動植物から分離した染料。合成色素の安全性に対する不安感から世界各国で常に関心を持たれている（ただし安全性に懸念のあるものもある）。天然染料は合成色素に比べて高価であり、かつ耐光性、耐熱性が劣り、しかも着色力も弱く、共存物質によって変色しやすいことから化粧品に使用される種類はあまり多くない。β−カロチン、カルサミン、コチニール、クロロフィルなどがある。日本ではウコン、エンジュ、アカネ、藍などを使ったボタニカルカラー剤もある。

⇒ 草木染め、合成染料、植物性染毛料、ベジタブルヘアカラー、ヘナ、ボタニカルヘアカラー

テンポラリーヘアカラー

⇒ 一時染毛料

等電帯（とうでんたい）

通常の健康毛では、pH 4.5 ～ 5.5 が等電帯である。

⇒ 等電点

等電点（とうでんてん）

両性電解質の溶液の中で、+−イオンの濃度が等しくなった点、または+−の電荷が等しくなり、全体としての電位ゼロとなるときのpHを等電点という。毛髪の場合では、pH 4.5 ～ 5.5 となる。

⇒ イオン結合、等電帯

トナー（トーナー）

カラーバスのテクニックの1つ。色味を補正するテクニック。カラー剤に2剤やシャンプー剤を混ぜて調合・塗布、色の進行を見ながら適切な時点で水洗し、染毛を終了し仕上げる薬剤、またはその技術。

トーナルシステム

ヘアカラーの作り方の１つ。目的とする仕上がりの色と同じ明るさのニュートラルブラウンを想定して、元の髪をニュートラルブラウンにするための色剤と、そのニュートラルブラウンの目的の色合いにする色剤とに機能として分けたシステム。

⇒ エンドリザルトシステム

頭髪用染料（とうはつようせんりょう）

染毛剤、染毛料に使用されている染料の総称。染毛剤、染毛料の目的によって、染料は使い分けられる。一時染毛料には主として化粧品用のタール色素（おもに酸性染料）や、顔料を樹脂に混入したグリッターが用いられる。半永久染毛料には化粧品用のタール色素の中でも酸性染料、塩基性染料、HC 染料が使用されている。永久染毛剤に使用される染料の主力は酸化染料であり、日本では 54 種類の染料の使用が認められている。頭髪用染料として理想的な条件は、頭髪には染まっても、地肌には染まらずに、染まった色がある程度、長く持つことである。その条件に酸化染料はほぼ合致しているため多用されている。

⇒ 酸性染料、直接染料、ニトロ染料

ヘアカラーの基礎用語集

トーン
本来の意味は色調。美容（技術）におけるトーンとは、毛髪の「明度+彩度」をいう。
⇒ レベル、アンダートーン

ナ

ナチュラル系
ヘアカラーでは、赤味も黄味も強くない自然な茶色系カラー、またはその色のカラー剤を指す。ニュートラル系、N系とも呼ぶ。ただし実際の色味はメーカーや剤ごとに異なる。
⇒ ニュートラル系

軟水（なんすい）
カルシウムイオン、マグネシウムイオンなどの金属イオンを持つ電解質の含有量の少ない水を軟水という。このような水は石けんが良く泡立ち、湯アカも付きにくい。日本の地下水は一般にヨーロッパの水に比べて硬度（電解質の金属イオン濃度を表す指標）が低く軟水が多い。ただし、沖縄地方は硬度が高いように地域差がある。
⇒ 硬水

ニトロ染料（ニトロせんりょう）
ニトロパラフェニレンジアミンなどのように、分子中にニトロ基を持つ染料。初めから色を持っており、赤や黄色など鮮やかな染料が多い。酸化染毛剤、染料中間体やカプラーと組み合わせて使用される。直接染料ともいわれる。
⇒ 直接染料

乳化（にゅうか）
⇒ エマルジョン

ニュートラライザー
⇒ 中和剤

ニュートラル系
ナチュラル系と同意語。

ノニオン界面活性剤
（ノニオンかいめんかっせいざい）
非イオン界面活性剤ともいう。水溶液中でイオン化しないで界面活性を示す活性剤をいう。
⇒ 界面活性剤

ハ

ハイライト
ヘアカラーをしたときに最も明るく見える部分。一般的にはトーンを上げて、元の髪よりも部分的に明るくする表現をいう。その反対の効果を狙うテクニックがローライト。ウィービング、スライシングなどのデザインテクニックで、すくい取った毛束にハイライトを入れるのが一般的である。
⇒ ローライト

バージンヘア
パーマやヘアカラーなど、化学的処理をまだしていない毛髪をいう。毛髪の一部分に関する表現ではないので、新生部とは分けて考える。
⇒ 既染毛、新生毛

パステルカラー
柔らかい色という意。パステルピンク、パステルイエロー、パステルオレンジといった色の表現方法として使われる。

パーソナルカラー
ヘアカラーに関する色彩学的アプローチの1つとして知っておきたい項目で、人が本来個々に持っている髪、瞳、肌の色などをもとにその人に調和する色、似合う色、すなわちパーソナルカラーがあるという考え方。ドイツの画家でありデザイン学校の教授でもあったヨハネス・イッテンの色彩論に始まり、アメリカでさらにカラーアナリシスと呼ばれるビジネスとして発展した。パーソナルカラーの分類方法にはそのグルーピングや呼称にいくつか種類はあるが、ブルーとイエローのアンダートーンに2分し、さらに4つの似合うタイプの色にグループ分けする考え方が、現在最も一般的である。
⇒ 色彩学

バック・トゥ・バック
連続的、背中合わせの意味。全頭、または部分的に、ホイルとホイルの間を空けずに連続して入れるテクニック。

発色剤（はっしょくざい）
酸化染毛剤の1剤には、染料前駆体として染料中間体とカプラーを配合する。染料前駆体（染料中間体）を発色剤ということがあり、これは単体でも髪が染まる。一方のカプラーというのは、色の調整をするもので助色剤ともいう。
⇒ 染料中間体、カプラー

パッチテスト
ヘアカラーにかぶれる体質かどうかを調べるためのテスト。使用説明書の記載に従い実施する。所定の方法で調製されたヘアカラーの染色液を皮膚に塗布し、乾いたら48時間放置する。塗布部位に赤み、ぶつぶつ、かゆみ、腫れなど皮膚の異常が出ないことを確認する。これまで異常なく何度も染毛してきた方でも体質の変化でかぶれるようになる場合があるため、毎回染毛48時間前にパッチテストが義務付けられている。

バッファー剤（バッファーざい）
緩衝液。同じ量の酸やアルカリを入れてもpHの変動に対し抵抗を示す溶液。
⇒ 中和剤

パネル
薄い板状に取り分けた毛束。

パーマネントヘアカラー
⇒ 永久染毛剤

パラフェニレンジアミン
酸化染毛剤に使う染料中間体の代表的な化合物。

バレイヤージュ（仏）
バレイヤージュとはフランス語で、掃除をする、ほうきで掃く、という意味。フランスで生まれたヘアカラー（メッシュデコロレ）テクニックの1種。「バリヤージュ」はバレイヤージュの英語読み。バレイヤージュのメインテクニックは、ハケで毛束に直接ヘアカラー剤を塗布する。それがほうきで掃く動作に似ていることから命名された。イギリス生まれの正確で几帳面なウィービング、スライシングなどに比べて、フリーハンドのテクニックであり、比較的ラフでスピーディである。バレイヤージュには、V-バレイヤージュをはじめ、さまざまなテクニックがある。
⇒ V-バレイヤージュ、コームバレイヤージュ、サーフバレイヤージュ、バンドデシネ、フリーハンドカラー、立体ヘアカラー、メッシュデコロレ

半永久染毛料（はんえいきゅうせんもうりょう）

セミパーマネントヘアカラー。いったん染めると、3〜4週間くらい持つのでつけられた。日本国内では、酸性染料を有機溶剤に溶かして毛髪への浸透と付着をよくした化粧品をヘアマニキュアまたは酸性ヘアカラーと呼んでいる。リフト力はないが、酸性染料独特の鮮明な色を表現できる。短時間内に毛髪中のキューティクルのやや内側くらいまで浸透する。染料を浸透させるためベンジルアルコールのような疎水性溶剤を用いている。色素残留時のカラーチェンジは難しい。また地肌に薬剤が付着すると除去が困難であるため、塗布時にも注意を要する。一方、塩基性染料、HC染料で毛髪を染める化粧品をヘアカラートリートメントと呼んでいる。染着力が弱いので持続性は良くないが、トリートメント基剤とよく合い皮膚には付着しにくい長所があるので、連続使用で徐々に白髪に染めるものや一回で鮮やかな原色に染めるものなどが発売されている。海外では酸性〜中性タイプの酸化染毛剤をセミパーマネントカラーと分類することもある。これも、リフト力がないか、または非常に少ないものである。ナチュラルカラーと同じ色や深みを足すこと（トーンダウンなど）を目的とするカラー剤という位置づけである。
⇒ 一時染毛料、永久染毛剤、金属染毛剤、酸性染毛料

バンドデシネ（仏）

バレイヤージュ技法の1つ。バンドデシネはフランス語のアニメーション（マンガ）のこと。何色かの色を重ねて深みのある色を出すテクニックであることから、バンドデシネとネーミングされた。
⇒ バレイヤージュ

微アルカリカラー（びアルカリカラー）

⇒ 低アルカリカラー

非イオン界面活性剤

（ひイオンかいめんかっせいざい）

⇒ ノニオン界面活性剤

pH（ピーエイチ）

potential hydrogen の略。ドイツ語読みでペーハー、英語読みでピーエイチ。日本では長年、ドイツ語読みで定着していたが、近年ではピーエイチが一般的。水溶液の液性としての水素イオン濃度を指数として示す方法。7を中性。それより数値が小さい方を酸性、大きい方をアルカリ性域として示す。また弱（微）酸性、弱（微）アルカリ、強酸、強アルカリと分類を広げて表現することもある。

ピグメンテーション

色素補正の考え方の1つ。主に、高明度毛の色味移動に使う技術。希望色を発色させるための下地を作るため、色素を補正することで適正な明度まで明度操作をするテクニックをいう。施術では、「ピグメンテーション⇒希望色の塗布」とワンプロセス増えるが、求める色味を出しやすくする効果が期待できる。また、希望色の彩度を高めるために、より色素の濃いティントを乗せる技術のことを指すこともある。
⇒ ピグメント

ピグメント

色素のこと。毛髪中のメラニン色素や、染毛剤、染毛料で髪に染まり、ついたものや吸着した色素のことをいう。特に最近は、毛髪内に残存している色素を指して使うこともある。
⇒ ピグメンテーション

非酸化染毛剤（ひさんかせんもうざい）

⇒ 金属染毛剤

非酸化染料（ひさんかせんりょう）

発色が染料の酸化反応によらない非酸化型の染料で、鉄イオンと反応し発色するピロガロールやタンニンなどのポリフェノール類を言う。得られる色調は、黒色に近い色調が多い。この染毛剤はおはぐろ式染毛剤として永久染毛剤に分類される。

ピッチ

ウィービングで、チップを取るときの深さと幅と間隔の距離のことをいう。例えば「深さ3ミリ、幅3ミリ、間隔7ミリ」や「深さ5ミリ、幅5ミリ、間隔5ミリ」というように、その狙いによってウィービングではチップの深さと幅と間隔を変えるが、その深さと幅と間隔の長さのことをピッチという。
⇒ チップ

表示成分（ひょうじせいぶん）

⇒ 指定成分

ファッションヘアカラー

おしゃれ染めのこと。ファッションカラーともいう。白髪染め（グレイヘアカラー）と区別するために使う。

フィブリル（英）（仏）

細線維あるいは糸状体、張原線維など細胞内構造物の1つ。
⇒ キューティクル、コルテックス

フィンガーペインティング

ねじった毛束に指先でカラー剤を塗布することで、自然なグラデーションカラーを作るテクニック。

フェオメラニン

亜メラニンとも呼ばれる。メラニンの1種で、人間の毛髪にある黄色から赤色の色素。黒髪、ブルネット、ブロンドともフェオメラニンを持っているが、このメラニンが特別に多い髪が赤毛である。
⇒ メラニン、ユー（真）メラニン

フォーミュラシャンプー

例えば1つのヘアデザインの中に3〜4色のハイ

ヘアカラーの基礎用語集

ライト、ローライトが入っているような場合、濃い色、つまり低明度の6レベル、8レベル、10レベルという順序で流すこと。

プライミング
「下塗り」の意。明るくなりすぎた髪に色味や深みを求めるため、色素補正をするテクニック。プレ処理で、髪に不足している色素を戻して、欲しい色を支えるテクニック。

フラッシュ（仏）
フランスのヘアカラーテクニックであるメッシュデコロレの1種で、ショートスタイルに入れるカラー。立ち上げた毛先に、明るくアクセントをつけるテクニック。
⇒ メッシュデコロレ

ブリーチ
漂白すること。髪の場合は毛髪中のメラニンの分解のことで、結果としては、髪の明度、彩度が上がり、色相も少し変化する。多くの酸化染毛剤はダイ-ブリーチ（dye-bleach）方式といい、染色と同時にブリーチすることで、希望の色が出るように設計されている。

ブリーチ剤（ブリーチざい）
ライトナーともいう。毛髪中のメラニンを分解して、地毛の持つ色を弱めて、染色する色のパフォーマンスをあげる効果を持つ。髪を明るくするという単独の効果もある。
⇒ 脱色剤、脱染剤、ライトナー

ブリーチパウダー
過硫酸塩を主成分にした、強力なブリーチ剤。2剤との混合で過酸化水素を発生させることで、ブリーチ力を強化することができる。脱染剤として分類される。パウダーブリーチとも呼ぶ。

フリーハンドカラー
フランスのバレイヤージュ技法の1つ。アメリカ、イギリスなどで応用されて、英語でフリーハンドカラーとも呼ばれている。あえてセクショニングをして正確にパネルを取るという方法はとらないで、任意の髪にハケまたはコームで直接カラー剤を塗布していくテクニック。ハケを縦に入れて筋状のラインを入れたりする。前髪などのランダムな動きや陰影をつけたいときに適している。

ブリックワーク
ウィービングなどの部分染めの際に、染めた毛束が重ならないように、互い違い（レンガ状）に積み上げていくこと。そのようなスライスを取ること。

プレーンリンス
何もつけないすすぎのこと。ヘアカラーの放置時間後、洗い流すときに行うが、単に汚れ落としだけではなく、ヘアカラー剤中のアルカリを洗い流すという点で、損傷の予防、褪色の予防という点でも重要な処理といえる。
⇒ エマルジョン

フロスティング
ストリークスともいう。あらかじめ穴があけられている専用のキャップ（フロスティングキャップ）を使って、毛束を部分的に取って染めるテクニック。最近では、ウィービングなどのホイリングテクニックが主流になって、アメリカ、日本をはじめ世界的にあまり見られなくなったテクニック。フロストとは霜が降りる、という意。フロスティングキャップは、フランスではボンネットという。

ブロッキング
⇒ セクショニング

ヘアカラー
ヘアカラリング（カラーリング）、ヘアダイなどと同意語。英語圏であるイギリス、アメリカ、カナダなどではヘアカラー、カラーリングと呼ぶのが一般的。染めるdyeと、死ぬ（=髪を傷める）dieの、同音によるイメージの連想を嫌っているため。

ヘアカラー修正剤（ヘアカラーしゅうせいざい）
色調修正剤、調色剤、カプラーともいう。酸化染毛剤系の永久染毛剤に微妙な色の変化を与えるために使用される。修正剤の役割は、発色する化合物（主剤）を強く発色させたり、また色調を種々変化させることである。この修正剤は酸化されやすい性質を持った化合物で、主剤と組み合わせることで、豊富な色数が得られる。例えば、パラフェニレンジアミンを主剤としたときの染毛色調は、修正剤をメタフェニレンジアミンとした場合、青味がかった紫色となり、メタアミノフェノールでは明るい茶色となる。メタアミノフェノールや、メタフェニレンジアミンのようにそれ自体が淡い発色をして、しかも修正効果のあるものと、レゾルシン、カテコールなどのように、それ自体は発色しないが、他の染料の色を変化させるものの2通りある。
⇒ カプラー

ヘアカラートリートメント
カラートリートメントともいう。塩基性染料やHC 染料にトリートメント基剤を配合している化粧品。使用される染料の種類としては半永久染毛料に属するが、繰り返し使用することにより染料が毛髪に染着し、徐々に染まっていくタイプが多い。
⇒ 半永久染毛料

ヘアダイ
文字通り毛髪を染めるという意味。ヘアカラーと同意語。
⇒ ヘアカラー

ヘアマニキュア
ジアミン系染料（酸化染料）を毛髪内部で、化学反応により発色させる酸化染毛剤（アルカリ、中性、酸性）に対し、毛髪表層に酸性染料（タール色素）をイオン結合させ染色するのが、ヘアマニキュアといわれるこのタイプ。薬剤の性質を示性値（pH）で分類してアルカリ性、中性、酸性と3つに分けられるが、日本のヘアマニキュアは圧倒的に酸性タイプが多く、酸性ヘアカラーといわれることが多い。3〜4週間色持ちするセミパーマネントカラー（半永久染毛料）として、酸化染毛剤の医薬部外品とは違い、化粧品に分類される製品である。ブリーチ作用がないため、黒髪でははっきりとした効果が出ない。白髪やブリーチ毛に対して、より効果を発揮する。
⇒ 一時染毛料

ベジタブルヘアカラー
植物由来の染毛料。古くからカミツレ（カモミ

フ・ヘ・ホ・マ

ル）やヘナなどがあるが、これを化学的に再現および増強したのが鉄漿（おはぐろ）式のヘアカラーともいえる。
⇒ 植物性染毛料、天然染料

ベースカラー

ヘアカラーでは、ハイライトやローライトを入れる際に、下地（ベース）となる色。

ペールカラー

淡い色。明度が高く、彩度が低い色。ペールイエロー、ペールオレンジなどと表現される。

ヘナ

ヘナともヘンナともいう。henna はペルシャ（イラン）語で、英語でも henna と表記する。日本では温室で栽培されるミソハギ科の低木で、正式にはシコウカ（指甲花）といい、また別名ツマクレナイノキともいう。ラテン語では lawsonia（ローソニア）。原産地はインドをはじめ、中国、ネパール、スリランカ、パキスタン、イラン、さらにはエジプト、モロッコなど、北緯10度から30度の範囲に広く分布している。葉の部分に赤色色素を含んでおり、この葉を摘んでパウダー状にして染料として使用する。古代エジプト時代から広く使われてきた。インドが世界最大の原産国で、ヘアカラー剤としてイギリス、アメリカなどでも広く利用されている。日本でも、かつては薬事法で使用を認められていなかった（2001 年4月に薬事法は改訂）にもかかわらず、根強い人気があった。ヘアカラーの歴史は、記録で確かめられる限りでは、今から 5,500 年前が最初とされている。紀元前 3,500 年の古代エジプト時代に、このヘナが使われた。
⇒ 植物性染毛料、天然染料

ペルオキサイド

字句の意味では過酸化物という意味。カラーの関連では過酸化水素水（2剤）のこと。

ヘンナ、henna

⇒ ヘナ

ホイリング

アルミホイルを使って、ヘアカラー施術をする（ホイルワーク）こと。ホイルで毛束をくるむこと or くるんだ状態がホイリング。
⇒ ホイルワーク

ホイル

⇒ アルミホイル

ホイルワーク

アルミホイルを使用し、部分的に違う色を入れていくカラーテクニック。
⇒ ホイリング

膨潤（ぼうじゅん）

物体が液体（水、有機溶剤、溶液）を吸収して、その本質を変化させることなく体積を増すことをいう。ある程度まで進むとそれ以上進まない有限膨潤と、際限なく進み最終的には溶液となってしまう無限膨潤がある。毛髪は有限膨潤で、ゼラチンは無限膨潤である。毛髪の膨潤は間充物質で起こり、温度が高いほど大きくなる。また同温度では、等電点で最小となり、アルカリ性側、酸性側で大きくなる。

法定色素（ほうていしきそ）

化粧品にはさまざまな色素が配合されている。厚生労働省では、化粧品、医薬部外品、医薬品などに使用されるタール色素を定めており、これらのものを呼ぶ。

保温ペーパー（ほおんペーパー）

⇒ サーマルペーパー

補色（ほしょく）

俗にいう反対色。ヘアカラーのときには、元の色に加えて黒～ブラウンにする色も補色という。光の場合は混ぜて白色光となる色。

ボタニカルヘアカラー

植物性由来の染料を使用したヘアカラー剤のこと。
⇒ 植物性染毛料、天然染料

ボリューム

2剤中の過酸化水素濃度を表記する際、日本では%で表示するが、ヨーロッパ、アメリカでは、使用する過酸化水素水の濃度として表記している。20vol はだいたい6%に相当する。したがって、< 10vol =3%、20vol =6%、30vol =9%、40vol = 12%>になる。
⇒ 過酸化水素

マ

前処理（まえしょり）

主となる操作の前に、その効果を補助したり、保護したり、作業をしやすくするために行われる処理。ダメージ予防のための前処理が一般的だが、ヘアカラーの場合には、髪の汚れがひどいときに行う。プレシャンプーやパーマのときのプレシャンプーなども広義の前処理といえる。
⇒ 後処理

マット系

①ツヤのない質感。
②ヘアカラーでは、ツヤがなく、彩度が低くて緑がかった鈍い色、またはその色のカラー剤を指す。ただし実際の色味はメーカーや剤ごとに異なる。

マトリックス

毛髪内部の各組織の間を埋めている物質を間充物質と呼ぶ。具体的にはコルテックスのマクロフィブリル間に存在する物質（マクロフィブリル間充物質）、マクロフィブリル内でミクロフィブリルを接合しているマトリックスタンパクを示す。マクロフィブリル間充物質は、主に水溶性タンパクや脂質などの物質で構成されている。マトリックスタンパクはシスチン結合を多く含むタンパク質で構成され、アルカリカラー剤、パーマ剤が作用する部位である。間充物質は毛髪のダメージ、ヘアカラー剤の浸透や作用をするのに重要な部位である。

マンセル色相環（マンセルしきそうかん）

赤、赤紫、紫、青紫、青、青緑、緑、黄緑、黄、黄赤などの 20 色が円周状に配されたもの。

ヘアカラーの基礎用語集

マンセル色立体（マンセルしきりったい）
色の三属性である色相、明度、彩度で表わされる色差が、できるだけ等間隔に見えるように構成されたもの。

無彩色（むさいしょく）
色相と彩度のない色。白からグレイ、黒までの明度だけで構成されている色。
⇒ 有彩色

明度（めいど）
色の3要素の１つ（色相、明度、彩度）。明るさを示す数値として評価できる。髪の上での明度は、彩度との関連で評価を混同してしまうことがあるので要注意。
⇒ 色の三属性、色相、彩度、レベルスケール

メッシュ（仏）
フランス語で、部分的にまとめた毛束のことをいう。
⇒ メッシュデコロレ

メッシュデコロレ（仏）
フランスではヘアカラーのことをメッシュデコロレという。あるいはメッシュコロレともいう。メッシュデコロレはブリーチして色を入れることをいい、メッシュコロレは色を入れることをいう。メッシュとは部分的な毛束を指す。このメッシュデコロレの中には、バレイヤージュ（髪の表面にほうきで掃くようにカラーを入れるテクニック）、デグラデ（毛髪全体に色を入れたり、明るさの濃淡をつけるカラー）、クードソレイユ毛髪表面に太陽光線のような明るい線状のカラーを入れるテクニック）、フラッシュ（クラーエピもいう。ショートスタイルに入れるカラーで、立ち上げた毛先に明るくアクセントをつけるテクニック）の4種類のテクニックがある。
⇒ メッシュ、バレイヤージュ

メデュラ
毛髄質。毛髪の中心部にある空洞の部分。どのような役割を果たしているかは明らかではないが、顕微鏡の観察ではメデュラのある髪とない髪があり、観察される毛髪でも、メデュラがない部分がある。
⇒ コルテックス、キューティクル

メラニン
皮膚や毛髪に存在する顆粒状の色素で、メラニンが多いほど皮膚や毛髪の色は黒くなる。メラニンは紫外線の有害な作用から身体を守る働きをしており、紫外線を多く浴びると、皮膚ではメラニンの生成が活発になるため黒く日焼けする。メラニンには色、構造の違いにより、ユーメラニン（真メラニン）とフェオメラニン（亜メラニン）の2種類がある。ユーメラニンは黒褐色から黒色、フェオメラニンは黄色から赤色であるが、皮膚や毛髪の色に大きく影響するのはユーメラニンである。毛髪では、主キューティクルに存在し、ユーメラニンが多いほど黒髪になり、少ないとブロンドや白髪になっていく。また、フェオメラニンが多い毛髪は赤毛になる。ユーメラニンは酸・アルカリには溶けない。フェオメラニンはアルカリに可溶である。
⇒ フェオ（亜）メラニン、ユー（真）メラニン

メラニン色素（メラニンしきそ）
メラニン細胞内のメラノソームで生成される黒色の色素のこと。
⇒ メラニン

メラノサイト
表皮に存在してチロシンからメラニンを合成し、メラニン顆粒を形成する細胞。メラニン形成細胞ともいう。

毛小皮（もうしょうひ）
⇒ キューティクル

毛髄質（もうずいしつ）
⇒ メデュラ

毛皮質（もうひしつ）
⇒ コルテックス

毛表皮（もうひょうひ）
⇒ キューティクル

ヤ

薬事法（やくじほう）
医薬品、医薬部外品、化粧品および医療用具に関する製造、取り扱いなどの事項を規制し、品質、有効性、安全性を確保することを目的に作られた法律だが、2013年に大幅改正され、「医薬品、医療機器等の品質、有効性及び安全性の確保等に関する法律」と改称された。
⇒ 医薬品、医療機器等の品質、有効性及び安全性の確保等に関する法律

薬機法（やっきほう）
改正薬事法である「医薬品、医療機器等の品質、有効性及び安全性の確保等に関する法律」の略称の１つ。本書ではこの「薬機法」で統一。⇒ 医薬品、医療機器等の品質、有効性及び安全性の確保等に関する法律

有彩色（ゆうさいしょく）
赤、黄、青などの色相、そして彩度のある色をいう。
⇒ 無彩色

ユーメラニン
真メラニンともいう。メラニンは色、構造の違いにより、ユーメラニン（真メラニン）とフェオメラニン（亜メラニン）の2種類があり、皮膚や毛髪の色に大きく影響するのはユーメラニンである。毛髪ではユーメラニンが多いほど黒髪になり、少ないとブロンドや白髪になっていく。また、フェオメラニンが多い毛髪は赤毛になる。ユーメラニンは黒褐色から黒色である。日本人の黒髪にはこのユーメラニンが多い。
⇒ フェオ（亜）メラニン、メラニン

陽イオン界面活性剤
（ようイオンかいめんかっせいざい）
⇒ カチオン界面活性剤

ラ

ライトナー
⇒ ブリーチ剤、脱色剤

ラップ
包み込むこと。ヘアカラー剤を塗布後、食品用のラップで髪を包みこむと保温、保湿、薬剤乾燥防止の効果が期待できる。ヘアカラーキャップでも同様の効果が期待できる。

リタッチ
既染部に合わせるように、伸びてきた新生部を染毛すること。

立体ヘアカラー（りったいヘアカラー）
ウィービング、スライシング、あるいはフランス流のバレイヤージュ技法などを使って、平面的なベタ染めから立体感を考えたヘアカラー。
⇒ ウィービング、スライシング、バレイヤージュ

リフトアップ
髪に染毛やブリーチをして、元の状態より明るくすること。ブリーチが化学反応を指すのに対して、結果的に明るくなったという点に着目している用語。

リフトシャンプー
ブリーチ剤にシャンプー剤を混ぜて、髪に擦り込みながらシャンプーして脱色作用を与えるテクニック。例えばブリーチパウダー、6%の過酸化水素水、シャンプー剤を3：5：2で混ぜて、全体にシャンプーしてリフトアップするような方法もある。

リムーバー
汚れ落とし剤のこと。酸性ヘアカラー剤が頭皮、皮膚などに付着したときに落とすリムーバーが一般的。ただし、毛髪から染料を除去する薬剤もリムーバーと呼ぶことがある。

リメイクヘアカラー
褪色した既染毛を含む髪の染め直し。褪色した既染毛を元の色に戻して、さらに新生毛を処理したりすること。色補正や色替えをする施術も含んで言うケースもある。

両性界面活性剤
（りょうせいかいめんかっせいざい）
その分子の中にカチオン（陽イオン）性官能基とアニオン（陰イオン）性官能基を1つずつか、あるいはそれ以上持っている界面活性剤。
⇒ 界面活性剤

リンス
すすぎ洗いのこと。コンディショナーの別名としても使われる。
⇒ プレーンリンス

ルーツ
髪の根元の部位。
⇒ エンド

レゾルシン
酸化染毛剤の中ではカプラー（調色剤、モディファイヤー）として使われる代表的な化合物。
⇒ カプラー

レベル
ヘアカラーの明るさを示す尺度。最も暗いものを1、最も明るいブラウンを 10 とするのが一般的。しかし、アメリカでは最も明るいブロンドを 10 とするため日本でのレベル 10 はアメリカではレベル5～6とされている。日本人の黒髪をベースに日本ヘアカラー協会では、最も暗い黒髪を1レベル、最も明るいブロンドを 20 レベルとし、日本人の毛髪の明るさに対応して、5 レベルから 15 レベルまでのレベルスケールを作成した。
⇒ トーン、レベルスケール

レベルスケール
毛髪の明るさの基準を示すために作られた尺度。世界中のヘアカラー剤メーカーがそれぞれ独自に発表している。日本ヘアカラー協会では、ナイロン製の毛束仕様のものと印刷物の両方で、日本人の黒髪を対象として、レベルスケールを制作している。ヘアカラーの技術教育とレベルアップのための「共通のモノサシ」「共通言語」を確立しようという主旨で、2000 年4月に制作・発表した。
⇒ アンダートーン、アンダーレベル、レベル

ローライト
ハイライトが部分的に明るくすることに対し、ベースカラーよりも明度の低い色を、ウィービングやスライシングなどで部分的に使う技法。
⇒ ハイライト

ワ

ワンタッチ
カラー施術時に根元から毛先まで1度に塗布する塗布法。もしくは、新生部、既染部に時間差をつけずに塗り分ける技術。通常、新生部と既染部の明度差が少ない場合やダメージ度が均一な状態など、髪の素材条件が均一な場合に行う。また新生毛が3cm 以下で、カラーデザイン上、新生部の状態が既染部に影響のない場合に行うこともある。
⇒ ツータッチ

ワンメイク
根元から毛先まで均一に染め上げること、またはその技術。一色染め、一色ベタ塗り、とも言う。

■撮影スタッフ

Colorist（All Technical Direction）
中村太輔、江波戸大介、大澤正行（共に imaii）
高原紀子、岩上晴美、熊倉正和（共に kakimoto arms）

Colorist
鬼島健二、杉村 淳、林 仁美、藤本安那、田部井優子、伏木麻弥、
豊田麻美、篠田佳奈、太田佳子、平尾沙也加（共に kakimoto arms）

Stylist
佐藤博樹、池田博文、時田舞子、小倉修太、栗原ゆたか（共に imaii）
小林卓也、渋谷昌良、瀬川史弥、細矢裕輔、中島健之、臼木 茜、牧島彩音、
岩元俊介（共に kakimoto arms）

Chapter 1「レベルスケールと色の基礎知識」執筆
前山健吾（株式会社ミルボン）
渡部正志（資生堂プロフェッショナル株式会社）
松長克治（ホーユー株式会社）

Chapter 5「ヘアカラーの基礎用語集」執筆＆協力
資生堂プロフェッショナル株式会社
日華化学株式会社 デミコスメティクス
ホーユー株式会社
株式会社ミルボン
リアル化学株式会社

Editor
佐久間豊美（新美容出版株式会社）
Photographer
板橋和裕（新美容出版株式会社）
Designer
柚木めぐみ（新美容出版株式会社）

■参考資料
医学大辞典　改訂17版(南山堂)、医薬部外品原料規格(厚生労働省医薬安全局・薬事日報社)、欧米理容美容の歴史（R・T・ウイルコックス著・日本理容美容教育センター)、カラーケミストリー（時田澄男著・丸善)、カラーコーディネーションの基礎（東京商工会議所編・中央経済社)、カラーコーディネーター入門　色彩　改訂版（日本色研事業)、カラーコントロール（西海洋史著・新美容出版)、環境衛生関係営業法令通知集（第一法規)、クロマチクス〈色彩論〉(出村洋二著・昭和堂)、化粧品・医薬部外品　製造申請ガイドブック第4版（薬事日報社)、化粧品原料基準（薬事日報社)、化粧ものがたり（高橋雅夫・雄山閣)、Chemical and Physical Behavior of Human Hair Third Edition（Springer-Verlag)、サイエンス・オブ・ウェーブ改訂版、パーマの科学（日本パーマネントウェーブ液工業組合編・新美容出版)、THE SCIENCE OF HAIR CARE（MARCEL DEKKER,INC.)、最新化粧品科学（化粧品科学研究会編・薬事日報社)、粧界ハンドブック・化粧品産業年鑑（週刊粧業)、廣川香粧品事典（廣川書店)、ヘアカラー色彩学（ヨシタミチコ・日本ヘアカラー協会共著・新美容出版)、ヘアカラーリング剤について（日本ヘアカラー工業会・染毛剤懇話会)、ヘアサイエンス（社団法人日本毛髪科学協会)、ベーシック・ケミカル（日本パーマネントウェーブ液工業組合著・新美容出版）

■毛束提供／株式会社スタッフス
〒107-0062　東京都港区南青山 2-28-8　南青山Ⅰ・Bハイツ7F　TEL：03-5474-8918

■ cover image ／ 3d_cot/Shutterstock

新ヘアカラー入門

定価　本体 3,800 円＋税
2016 年 3 月 1 日（第 1 刷発行）

著　者　NPO 法人 日本ヘアカラー協会（JHCA）
〒107-0062 東京都港区南青山 6-2-2
南青山ホームズ 203
TEL：03-5464-0272　FAX：03-5464-0273
http://www.jhca.ne.jp
発行者　長尾明美
発行所　新美容出版株式会社
〒106-0031 東京都港区西麻布 1-11-12
編集部 TEL：03-5770-7021
販売部 TEL：03-5770-1201
FAX：03-5770-1228
http://www.shinbiyo.com
振替　00170-1-50321
印刷・製本　凸版印刷株式会社

この本に関するご意見、ご感想、また単行本全般に対するご要望などを、
下記のメールアドレスでも受け付けております。
post9@shinbiyo.co.jp